1日1分
大谷翔平
今日よりも成長できる
82の言葉

児玉光雄
追手門学院大学特別顧問　臨床スポーツ心理学者

かや書房ワイド新書

はじめに

この本が、あなたのこれからの運命を変えるかもしれない。

2024年シーズンは、大谷翔平選手にとって最高の1年になった。史上初の50-50（50本塁打&50盗塁）を成し遂げただけでなく、史上初となるリーグをまたいで2年連続のホームラン王に輝いたのだ。それに加えて、移籍1年目のワールドシリーズで、ドジャースを2020年以来4年ぶり8度目の頂点に導いた。

試合後、大谷選手はこう語っている。

「結果的に、一番長いシーズンを過ごすことができて光栄に思うし、本当に自分自身の決断というよりも、このチームで1年間できたことを感

謝したいですし、チームメイトやスタッフのみなさんを誇りに思っています」（『NHK NEWS』2024・10・31）

この本で、私は「なぜ、大谷選手は自分の抱いた夢をいとも簡単に実現できるのか？」について、心理学の観点から検証しようと思う。私の専門分野は、心理学の中でも「パフォーマンス心理学」という分野であり、過去30年にわたり、一流のアスリートの発言や行動を手掛かりに、潜在能力を開花させて、仕事のパフォーマンスを最大化させる心理的要因についての分析を積み重ねてきた。

キーワードは「ポジティブ思考」「逆境耐性」「鍛練」「目標設定」「直感とひらめき」などである。

なかでも、「最高の自分に巡り逢いたい」という「自己実現」こそ、大谷選手を超一流のメジャーリーガーに仕立てた大きな要素である。

このことに関して、日本におけるモチベーション論の権威である、神戸大学の金井壽宏教授は自著『働くみんなのモティベーション論』（NTT出版）の中で、自己実現した人々を、**「才能や能力、潜在能力などを十分に用い、（中略）自分たちの可能な最も完全な成長を遂げてしまっている人々」**と表現している。

もちろん、大谷選手が典型的な「自己実現した人」であることは言うまでもない。実は、自分の限界を決めているのは、他ならぬ自分自身である。自ら決めた限界が、その人間の保有する凄い潜在能力に蓋をしてしまっている。

人生の中で、どんなことが起ころうとも自分軸を崩さず、ひたすら高い志を抱いて、**「最高の自分に巡り逢うための鍛練を持続させること」**こそ、大谷選手のような一流の人間の共通点である。この本が、大谷選手のように、自ら保有している潜在能力を開花させて、あなたの人生に奇跡を起こすことを、私は期待してやまない。

最後に、この本を実現していただいた、かや書房の岩尾悟志社長に謝意を表したい。

2024年11月　追手門学院大学スポーツ研究センター特別顧問　**児玉光雄**

目次

第2章
「好き」と「得意」を武器にすれば幸福な人生が手に入る

第3章 「目標設定の達人」になれば面白いほど人生はうまくいく

第4章 モチベーションを高めて凄いパフォーマンスを発揮しよう

第5章 真のプラス思考をマスターすれば人生はもっとうまくいく

第6章 逆境があなたに凄い才能を授けてくれる

第7章 あなたの仕事に凄い成果を授けてくれる成功法則

第8章 斬新なひらめきはリラックスした状態ととても相性がいい

大谷翔平の歩み

第1章

あなたの
夢をかなえて
心の幸福感を
満たす成功方程式

僕があと何年、
現役選手でいられるかは
わかりませんが、
だからこそ勝つことを
最優先しているのです。
そこが僕の中で最優先事項で、
そこは今後も変わらないので、
それがこのチームを
僕が選んだ理由です。

（『SHO-TIME2.0 大谷翔平 世界一への挑戦』 徳間書店）

いつこのキャリアが途絶えてもいい、という覚悟を持とう

大谷選手が移籍したドジャースは、ナ・リーグ最多のリーグ優勝25回を誇る名門球団である。２０１３年から12年連続でポストシーズン進出を果たし、地区優勝は22回。ワールドシリーズは今回の優勝が２０２０年以来、４年ぶり、８度目の制覇となった。

「何としてもドジャースを世界一に導きたい」。この思いこそ、大谷選手にとっての最大の夢であったのだが、移籍１年目で彼はそれをいとも簡単に達成してしまった。すでに大谷選手の頭の中には、「引退するＸデー」からの逆算が始まっている。

もっと言えば、「明日不慮《ふりょ》の出来事で引退を強《し》いられるかもしれない」という刹那感《せつなかん》も背負い、彼は日々フィールドに立っているはずだ。つまり、いつこのキャリアが途絶えてもいい、という覚悟が大谷選手に凄い仕事をさせているのだ。

私たちが忘れてはならないのは、大谷選手は成功するために日々頑張っているのではなく、**覚悟に基づいた日々の小さな行動が結果として成功につながっている**だけなのだ。

言い換えれば、一心不乱に頑張っている目の前の作業の一つひとつが遠い未来の夢につなげてくれるのだ。あなたができる唯一のことは「目の前の作業に全身全霊を懸けること」。たとえ結果がどうであろうと、そのすべてが夢の実現に不可欠なものなのである。

僕はただ
今シーズンだけに
集中しています。
目標は
ワールドシリーズ
制覇です。

（『SHO-TIME2.0 大谷翔平 世界一への挑戦』 徳間書店）※本文中の大谷選手の言葉も含む

大きな夢は「小さな夢の総量」である

夢をかなえる成功方程式がある。それは「大きな、しかも漠然《ばくぜん》とした夢を持つこと」ではない。日々最大限の努力をして、目先の夢や目標をひとつずつ実現していく。「小さな目標」の積み重ねが「大きな夢」を実現してくれるのだ。つまり、「大きな夢は小さな夢の総量」なのだ。

このことに関して、フロリダ大学の心理学者・コロクイット博士は、「性格と仕事の成績」の相関関係を調査した。その結果、「自分ならできる」という強い信念を持っている人間のほうが大きな成果を上げていることがわかった。

このことについて、大谷選手はこうも語っている。

「シーズン中は、僕はあまり遠い将来のことは考えていません。今はただ、シーズンに集中して目の前の試合に勝つことだけを考えています」

この世の中は、いつ実現するかわからない淡い夢を描くことだけに自己満足している人たちで溢れている。これは当たり前のことであるが、夢を描くだけで夢が実現することはない。「夢に少しでも近付ける小さな行動を日々積み重ねていく」、これしかないのだ。

夢をできるだけ具体的に、しかも鮮明に描いて、目の前のやるべきことに集中し、成果を上げることに全力を尽くすことこそ、夢をかなえる王道なのである。

なってはないですね。（世界一の選手になれたと）自分がそう思う日はおそらく来ないと思う。

2021年に満票でリーグMVPに選ばれた後のインタビューで語った言葉（『大谷翔平語録』　宝島社）※本文中の大谷選手の言葉も含む

「自分を感動させる」ことこそ夢実現の切札となる

大谷選手の辞書に「ゴール」は存在しない。なぜなら、どんな高みに到達しても、そこで満足してしまえば、それ以降の成長は止まってしまうと考えているからだ。

この項の言葉に続けて、大谷選手はこうも語っている。

「目標としてはアバウトというか、そういう目標ですけど、ゴールがない分、常に頑張れるんじゃないかと。確実にステップアップしたと思ってますし、今回の賞はそのひとつだと思うので、今後のモチベーションのひとつになりました」

「自分を感動させる」ことこそ、ひょっとしたら大谷選手にとって、最大のモチベーションアップのキーワードかもしれない。量をこなさないで到達したゴールでは、自分を感動させることなんて到底できない。あるいは、ピンチを一度も経験せずに到達したゴールも、何か物足りない。

夢を実現するために、近道ばかりを探している人間は、たとえゴールに辿り着いても感動は得られない。ときには、大谷選手が漠然と考えている「世界一の選手になる」という、到底成し得ないようなゴールを設定して、一日一日を完全燃焼させよう。

そうすれば、ある日突然、誰も到達できなかった場所にいることを、あなたは気付くことになるかもしれない。

プロ野球選手の誰かみたいに
なりたいということもなかった。
自分は自分として、
ゲームみたいな感覚ですね、
自分を育成していくみたいな。
そういう感覚で練習してましたし、
趣味みたいな
ところもありました。

「昔から悔しさをバネにしてきましたか？　それとも楽しさの中から上達してきたのでしょうか？」という質問に答えて
（『SPREAD』2020-3-30　デサントジャパン株式会社）

「強烈な進化欲求」を心の中に抱けば、「成功」と「幸福」が手に入る

2018年に非営利のシンクタンクが、全米で3000名の男女を対象に「成功に対する見方」について大規模な調査を行った。**その結果、回答者の圧倒的多数が「幸福感と達成感が何より重要だ」と、成功について断言したのだ。**

それまでの回答で定番だった「富」と「地位」はすっかり影を潜めてしまった。「富」や「地位」は、あくまでもご褒美でしかない。つまり大谷選手は、「富」と「地位」は追い求めず、異常なほど強烈な「進化欲求」があったからこそ、超一流のメジャーリーガーに上り詰めたのである。

自尊心や欲望を満たす典型例である「富」や「地位」は、進化欲求を求め、自らを育成する鍛練《たんれん》によって手に入れた、単なるご褒美《ほうび》に過ぎない。

これからの時代は、やり甲斐《がい》の源泉が本音に基づいた自分軸に傾いているのは明らかである。社会も大谷選手のような徹底して自分軸を大事にして、自分の内側に存在する潜在能力を開花させることに、全身全霊を注ぐ人たちを求めているのだ。

あなたにとって「これなら人生のすべてを懸けて頑張れる！」というものを見つけ出し、そのスキルを極限まで高めることにひたすら全力を尽くそう。これこそ、あなたを成功と幸福に導いてくれる切札である。

絶対に（プロ野球選手に）なるんだと言って、毎日、真剣に練習しているのであれば、それはもう、その時点で人生、勝ちだなって思うんです。

（『野球翔年Ⅱ MLB編2018-2024 大谷翔平ロングインタビュー』 文藝春秋）

本文中のジョシュア・ハルバースタム博士の言葉（『仕事と幸福、そして人生について』 ディスカヴァー・トゥエンティワン）

「快適領域」ではなく、「挑戦領域」で果敢に行動を起こそう

大谷選手のような一流の人間は、「挑戦領域」で果敢に行動を起こすから、凄いパフォーマンスを発揮できる。一方、並の人間は「快適領域」にストレスもなく安住しているから、進化できない。しかし、それでは到底一流の仲間入りはできない。「失敗したくないから挑戦を避ける」のが並の人間なら、**「失敗を厭《いと》わず、果敢に未知の領域に挑戦を仕掛ける」**のが一流の人間の共通点だ。

多くの人々が「成功とは、自分の大きな夢をかなえること」と、考えている。しかし、大谷選手にとっての「成功」は、人とはちょっと違う。これは私の推測に過ぎないが、彼にとっての成功とは、「大好きな野球ができること」そのものにある。もっと言えば、本番のゲームよりも、自分を成長させてくれる練習に没頭《ぼっとう》する行為そのものが彼にとっての「成功」なのだ。著名な哲学者、ジョシュア・ハルバースタム博士の以下の言葉を噛みしめよう。

「大切なのは行動であり、自分自身の気持ちだ。どれだけ真剣に打ち込んだかということが、仕事やキャリアを評価する上での鍵になる」

大谷選手のように、目の前の作業に没頭しているそのものを「自分の成功」と感じられるようになって、はじめて私たちは一流の人間の仲間入りができるようになる。

僕自身
まだ成功したとは
思ってないですし、
むしろ失敗と
成功を繰り返している
段階なんです。

失敗と成功の捉え方について語った言葉（日本スポーツ振興センター　アスリート育成パスウェイ）

「成功」とは、「自分が定めたことを成し遂げる」ことである

「成功」を辞書で引くと、「物事をうまく成し遂げて、社会的地位や名誉を得ること」と書いてある。

しかし、大谷選手は、そのことについて、いたって無頓着《むとんちゃく》である。これはあくまでも私の推測であるが、大谷選手にとっての「成功」とは、「自分が定めたことを成し遂げること」なのだ。

もっと言えば、たとえ自分が定めたことを成し遂げられなくても、そこから得られるものがあれば、大谷選手にとってそれは成功なのだ。

つまり、バッターボックスに入ったとき、ピッチャーの投げたボールを打つためにバットを振る作業は、すべて自分を進化させるための実験であり、ホームランになろうが空振りして三振になろうが、バットを振る行為そのものが、彼にとってはすべて成功という枠組みの中にある。

これはあなたの仕事や勉強にも適用できる。あなたが明確な目標を定めて、それに向かって思索《しさく》に思索を重ねて起こす行動は、他人から見て失敗だったとしても、すべて成功なのである。うまくいったらそれで良し、うまくいかなかったらその原因を探《さぐ》り当て、新たな行動を起こせばいい。

大谷選手は、正しい成功の解釈を、私たちにわかりやすく教えてくれている。

僕はまだ、完成されていない選手だと思っています。

（『道ひらく、海わたる　大谷翔平の素顔』　扶桑社）

「あなたにとっての自己実現とは何か？」について考えよう

心理学者・アブラハム・マズローが提唱した有名な「欲求5段階説」は、現代でもいまだに健在である。それらは「生命の欲求」「安全の欲求」「親和《しんわ》・帰属《きぞく》の欲求」「自尊心の欲求」「自己実現の欲求」である。

最初の４つの欲求は「欠乏《けつぼう》欲求」であり、最後の「自己実現の欲求」だけが唯一の「存在欲求」である。多くの人々は「自尊心の欲求」を追い求める。この欲求のキーワードは「勝利」「お金」「名誉」である。

しかし、このようなものを手に入れても幸福になれるとは限らない。幸福感を満たすことに関して、これらは、「自己実現」には到底かなわない。しかし、「自己実現」することはあなたが考えるほど簡単ではない。特に、大谷選手のような才能に満ち溢れた人間ほど、高いハードルを設定しているので、「自己実現」することはとても難しい。

このことについて、この分野の権威である神戸大学の金井壽宏教授はこう語っている。

「（他の欲求と比べて）自己実現だけは違う。その人に欠けているものを、外から『これでしょう』といって差し出すことは誰にもできない。なぜなら、それは本人の自分らしさ、自分の可能性追求や、その人が望む成長にかかわっているからだ」

あなたにとっての「自己実現」について、時々考える時間を確保してみよう。

基本は自分の決断のもとで
行動してきました。
小さい頃にやっていた水泳もそうでした。
続けるときは、友達がやっているのを見て
「僕もやりたい」と思って続けましたし、
やめるときも、
最後のテストみたいなものがあって、
それが終わったら
「もういいや」と思ってやめましたから。

（『道ひらく、海わたる　大谷翔平の素顔』　扶桑社）

自分の夢を実現するために信念を貫こう

大谷選手は、常に自分の信念に従って行動する。「信念」は成功するための燃料である。車をイメージしてほしい。これは当たり前のことであるが、いくら性能の優れたエンジンを搭載していても、肝心の燃料がタンクになければ、その車は走らない。信念があるからこそ、人は快適領域から抜け出し、リスクを乗り越えて挑戦する行動を持続できるのだ。

もちろん、大谷選手が水泳をやめたように、その行動が信念から外れたら、潔《いさぎよ》くその行動を止めることも忘れてはならない。大人になると、私たちは小さい頃に好きだったことを忘れてしまう。それは大抵周囲の人たちの無責任なアドバイスや世間体《せけんてい》を気にする心がそうさせてしまっている。今すぐスマホやノートに「やりたいことリスト」のスペースを確保して、暇があったら手当たり次第に記入していこう。

・小さい頃の憧れの職業は？

・今すぐやりたいけれども実行できない行動は？

・今の仕事をやめたとしたら、どんな仕事に就きたい？

普段からこのようなことを考えておけば、あなたは自分の信念を見つけ出すことができるようになる。結局、他人の意見や世間体に左右されることなく、自分の夢を実現するため、その信念を貫ける人間だけが大きな夢を実現できる。

僕はどちらかというと、
頭の中で考えたほうが
うまくなれることが多いんです。
（中略）だから、考える時間、
イメージする時間が
多くなれば、
１７５㎞も投げられる
かなと思います。

（『野球翔年Ⅱ　ＭＬＢ編２０１８-２０２４　大谷翔平ロングインタビュー』　文藝春秋）

脳内に描いたイメージは必ず実現できる

大谷選手には、「脳内に描いたイメージは必ず実現できる」という確信があるようだ。

つまり、脳内に描いたイメージを実際に試してみることに対して、彼はとても貪欲なのだ。まずは、イメージありき。それが大谷選手のような一流の人間の共通点である。

もちろん、ただ単にイメージを描くだけで、そのまま行動を起こさない人間には、進化のきっかけが訪れることはない。大谷選手にしても、自ら抱いたイメージに従って、できるだけ忠実に実際のバットスイングやピッチングを日々試している。この貪欲さと鍛練こそが、自分の描いた理想のイメージへと着実に近付く方法なのだ。

つまり、大谷選手にとっては練習こそが主役であり、本番のゲームは練習で会得した技術を試す実験場でしかない。

大谷選手のように、他の人間が真似できないような特技を身につけるには、徹底的にテーマを絞り込み、まるで地面深く掘削《くっさく》するように、宝の山に向かってひたすら突き進む行動力が求められる。

日本中の地面を1・5キロ以上掘り進めば、大抵の場合は温泉源に辿り着くように、脳内に描いたイメージを深く突き詰めて行動を起こすことで、あなたしか知り得ない宝の山に、必ず行き当たる。これこそ、あなたの存在自体が、これからの時代で引く手あまたになる切札となる。

日頃、自分で
左右できないことは
考えないタイプなので、
何事も自分の
行動ひとつで変わっていく、
ということを
意識しています。

（『野球翔年II MLB編2018-2024 大谷翔平ロングインタビュー』 文藝春秋）※本文中の大谷選手の言葉も含む

「昨日の自分を超える」ことに全力を尽くそう

大谷選手は、「自分でコントロールできる要素だけに絞り込み、絶え間ない鍛練を積み重ねた結果、偉大なメジャーリーガーの仲間入りができた」と、私は考えている。この項の言葉に続けて大谷選手はこう語っている。

「相手の気持ちは変えられないけど、印象を変えるために自分でできることはある。行いひとつ、言葉ひとつ、身なりひとつでちょっとずつ相手の印象が変わるかもしれない。相手の気持ちを変えようとするのではなく、相手の気持ちが変わるように自分でできることをしよう、ということです」

大谷選手のような一流の人間は、「昨日の自分を超えること」に全力を尽くす。その思考と行動力によって、凄いことをやってのけるのだ。

一方、並の人間は常にライバルを打ち負かすことだけに一喜一憂《いっきいちゆう》する。悪い習慣が身についているため、良い結果に結びつかない。

大谷選手にとっての進化とは、ホームランを打ったり、タイトルを獲得することではなく、**「昨日の自分よりも今日の自分はわずかでも成長している」**という手応えを掴むことである。つまり、彼は**「日々のわずかな進化を察知する能力が異常に高い」**のだ。

あなたにとって、「昨日の自分を超える」ことこそ、ひょっとしたら人生における最重要の行動なのかもしれない。

まっすぐのスピードをしっかりと出せれば、スライダーもスプリットも、カーブもカットボールも、すべて良くなってくるんです。全部つながっているんですよね。

（雑誌『Number』1048号 2022・4・14 文藝春秋）

仕事や勉強の軸となるものを育てていけば、欲しいものが手に入る

大谷選手は、「自分のピッチングの軸はストレートである」という強い信念で鍛練を積み重ねたから、多彩な変化球をマスターすることができた。それが彼の凄いパフォーマンスの根底を支えている。

あなたは**「原因と結果の法則」**を理解しているだろうか？　著名な哲学家のジェームズ・アレンがこの法則を見出し、**「人生で起こる結果のすべては、自分の心が生み出したものである。つまり、心の中に『原因』があり、それが忠実に『結果』として表れていく」**と提唱した。

わかりやすく説明すると、トウモロコシの種を蒔《ま》くとトウモロコシが収穫でき、オレンジの木を植えるとオレンジの実が収穫できるように、私たちの人間世界でも、偶然ではなく、すべてこの法則によって支配されている。だから、「成功」も「失敗」も偶然ではなく、必ず原因が存在し、再び同じことを行えば、誰でも同じ結果が得られるのだ。

大谷選手の「自分の投球の軸となるストレートを丹念《たんねん》に育てていけば、黙っていても切れ味の鋭い数多くの変化球を手に入れることができる」という信念は、まさに「原因と結果の法則」そのものである。

大谷選手と同じように、あなたの仕事や勉強の軸となるものを育てていけば黙っていても数多くの欲しいものが手に入るようになる。

第2章

「好き」と「得意」を武器にすれば幸福な人生が手に入る

一生、忘れられない日になる。
多分、これだけ打てたことは
人生でないので、
自分がビックリしている。
夢に見ていたところ
(ポストシーズン進出)が
決まって
素晴らしい日になった。

(『日刊ゲンダイDIGITAL』2024年9月21日　日刊現代)

「ゾーン」を引き寄せる3つの要素を理解する

大谷選手にとって、2024年9月19日のゲームは一生忘れることはないだろう。「48-49（48本塁打・49盗塁）」で迎えたこの日、ドジャースは敵地マイアミに乗り込み、マーリンズ戦に臨《のぞ》んだ。大谷選手は「1番DH」でスタメン出場した。

その日の大谷選手の成績は、なんと6打数6安打、10打点、3本塁打（3打席連続）、2盗塁をマーク。それだけでなく、この日ドジャースは20対4と大勝し、12年連続のポストシーズン進出を決めた。

これこそ、大谷選手に「ゾーン」が訪れた日だったことは間違いない。私の専門分野であるパフォーマンス心理学における最新の研究でも、「ゾーン」を自由自在に獲得する手法はいまだに見当たらない。

しかし、「ゾーン」が訪れる確率を高めることならできる。私は「ゾーンが訪れているときの3つの感覚」を導き出した。

それらは、「すべての行為が自分の意志ではなく自然に起きているように感じられる感覚」、「時間が止まっているように感じる感覚」、「遅くなっているか、そして、「まったく何も考えていない無の境地」である。

多分この日、大谷選手が打席に立ったとき、彼は3つの感覚を味わっていたはずだ。「無の境地」で目の前の作業に没頭すれば、あなたにも突然「ゾーン」は訪れる。

自分が「やりたい」と思える練習であれば、努力だとは思いません。

（『不可能を可能にする 大谷翔平120の思考』 ぴあ）※本文中の大谷選手の言葉も含む

「好き」と「得意」を武器にすれば、どんな仕事も面白くなる

「努力」という言葉には、常に「やらされ感」が漂っている。「歯を食いしばって努力する」という考え方は、もはやスポーツの世界でも時代遅れである。

そんな気持ちを持っている限り、どんなスキルも到底身につかない。だから、あなたが日々進化し続けたかったら、何事に対しても自発的に「行為」を行わなければならない。このことに関して、大谷選手はこうも語っている。

「打ちたくなったから、打っているというだけなんです。子どもがボールを打ちたくなって、バッティングセンターに行くような感覚ですね」

あなたにとって「努力」ではなく、「進んで行える作業」は何だろう？　そのことについて真剣に考えてみよう。キーワードは「好き」で「得意なもの」である。

大谷選手にとっても、「ボールを投げたり、バットを振る作業」は、典型的な「内容の面白くない作業」である。あなたにとっても、仕事や勉強の作業それ自体を捉《とら》えたら、まったく面白くないものではあるはずだ。

しかし、「好き」と「得意」を武器にして、「進化」や「達成感」を追求する気持ちがありさえすれば、それまでの「内容の面白くない作業」は、たちまち「ワクワクする作業」に生まれ変わるのだ。

わかっていてできる人が
天才なら、
僕はわかっていても
できないので
たくさん練習しなきゃいけない。
練習はそのためにある、
ということ
なんじゃないですかね。

（『野球翔年Ⅱ MLB編2018-2024 大谷翔平ロングインタビュー』文藝春秋）
本文中の大谷選手の言葉（雑誌『Number』980号 2019・6・27 文藝春秋）

「量質転化」こそ成功のキーワード

大谷選手は「自分を天才ではない」と言う。あのイチローさんも現役時代、天才の定義について、「天才とは、努力することもなく、突然周囲の人たちがビックリすることをやってのける人間。僕はその範疇《はんちゅう》にない」ときっぱり語っている。

「量質転化《りょうしつてんか》」という成功法則は今も健在である。これはつまり、理屈抜きに量を稼げば、少々才能が欠けていても、一角の人間に上り詰めることができるということだ。ただし、何も考えずにただバットを振ったりするだけでは、到底上達できない。目標を設定して、それを実現するため、四六時中、思索を続けることが練習そのものなのである。

誰が言ったか知らないが、「1万時間鍛練を積めば、誰でも名人芸を会得《えとく》できる」という、神話がまかり通った時代があった。しかし、深い思索に基づいた鍛練を積み重ねてこそ、はじめて真実となるのだ。反復練習の大切さについて、大谷選手はこうも語っている。

「やればやるだけ洗練されていくものだと思うので……、そこは数をこなしていくのが大事なのではなくて、数をこなす分、良かった、悪かった、の回数が増えていくことで、それがより洗練されていくことにつながっていくんだと思います」

テーマを頭の中に叩き込んで鍛練を積み重ねれば、あなたも大谷選手のように、目の前の仕事の達人に上り詰めることができる。

真ん中です。真ん中めがけて投げています。

（『大谷翔平　野球翔年Ⅰ　日本編２０１３-２０１８』　文藝春秋）※本文中の大谷選手の言葉も含む

自分の最高に得意なことをやり続けよう

この項の言葉に続けて、大谷選手はこう語っている。

「キャッチャーもコースに寄ったりせず、真ん中に構えてくれますし、まっすぐがいいなっていうときは、真ん中です。だって、もったいないじゃないですか」

日本の入学試験や入社試験では、相変わらずすべての科目で優秀な人材を優先的に採用するが、それはもはや時代遅れであり、そんな人材はこれからの時代にはそぐわない。

これからは、他の誰にも真似できないような自分の最強の武器に特化して、それで勝負する。大谷選手はその縮図《しゅくず》なのである。いくら弱点を矯正《きょうせい》しようとしても、それは絶対武器にはならない。自分が得意なものを磨き上げて、彼のように誰も真似できないものにすれば、引く手あまたの存在になれる。アメリカには、以下の文言のつく豚のマンガがある。

「豚に歌を教えようとするなら、時間の無駄であり、それは豚にとっても迷惑だ」

実は、人間の世界でも、同じような悲劇が起きている。卓越したエンジニアが不得意な企業経営を任されたり、セールスに興味のない経理の人間が昇進を機にセールス部門のトップに就任したりしている。

結局、大谷選手のような幸せな人生を送りたかったら、仕事でも趣味でも、自分のもっとも得意なことを徹底してやり続けることに尽きるのである。

選手としての寿命も
限られていますし、
全部というのは
ほぼ無理だと思いますけど、
全部できるようになったら
面白いなという、
その感じがいいんです。
子どもの頃と
一緒なんですよ。

（『野球翔年Ⅱ MLB編2018-2024 大谷翔平ロングインタビュー』 文藝春秋）

子ども時代に、遊びに夢中になっていた感覚を蘇らせよう

「初心忘るべからず」という格言は、いまだに健在である。これは室町時代の世阿弥《ぜあみ》の言葉である。しかし、現代人はその言葉の意味を誤解している。

多くの人がこの言葉の意味を、「何事においても、始めた頃の謙虚で真剣な気持ちを持ち続けていなければならない」と、理解しているのではないだろうか。

しかし、この言葉の真の意味は、「何かを始めたときの下手だった記憶や、そのときに味わった悔しい気持ちを思い起こして、そこから今にいたるまでの努力を忘れてはならない」というのが本当の教えなのである。

歳をとるとともに、私たちの夢はどんどんしぼんでしまう。それとともに、モチベーションも低下していく。つまり、**夢の大きさとモチベーションは正比例している**のだ。

私が推測する、大谷選手の言葉から読みとれる真意はこうである。

「子ども時代の『下手だったけれど、そのことに没頭していた』という天真爛漫《てんしんらんまん》さを失わないで、努力を積み重ねることが大事」

あなたも、子ども時代に日が暮れるまで遊びに夢中になっていた感覚を蘇らせてみよう。そのときと同じような気持ちで目の前の仕事に取り組むことができれば、自然にモチベーションが上がっている自分に気付けるようになる。

人類最速まであと４キロなので、一番速い球を投げる人になってみたい。

（『不可能を可能にする 大谷翔平１２０の思考』 ぴあ）

置き替えの利かない人材の仲間入りをしよう

大谷選手のような**一流の人間と並の人間を隔てているのは、「自信の量」の決定的な違い**である。

この項の言葉は、２０１７年、アロルディス・チャップマン投手が持つ当時のメジャー最速記録を自らの記録（１６５㎞）と比較して語った言葉である。

大谷選手の発言の多くは、常に未来を向いている。このことに関して、米ノースカロライナ大学の心理学者、Ｖ・Ｂ・スコット博士たちは、「過去のやりそびれたこと、失敗したことを後悔すると『仕事への無能感』に苛《さいな》まれる」と主張している。

それだけではなく、後悔をすることが多い人間の44％は、「心配症やうつ病」の傾向があった、と博士は報告している。

日本人は反省や後悔をすることが好きな民族である。しかし、反省や後悔ばかりしていると、「自分には才能がない」という深刻な「無能感」に苛まれる確率が高くなるのだ。大谷選手のように、未来に向けた言動を発することが大切なのだ。

私たち日本人は、弱点を克服することばかり考えて、自分の武器を磨くことを怠《おこた》っている。**これからの時代は「弱点のない人間」ではなく、「弱点があっても、置き替えの利かない強力な武器を持っている人間」**を求めるようになる。

プロで日本一になりましたし、日本最速（の165㎞）も投げましたけど、その瞬間よりも、そこを目指している日々のほうが面白いじゃないですか。

（『野球翔年Ⅱ　MLB編2018-2024　大谷翔平ロングインタビュー』文藝春秋）※本文中の大谷選手の言葉も含む

今すぐ「自分が今一番大切にしていること」を書き出そう

多くの人々が「目標を達成した瞬間」に喜びを発散させる。確かに、「目標達成」は私たち人間にとって、最高レベルの快感であることを私は否定しない。しかし、それよりも明らかに大切なことを大谷選手は知っている。この項の言葉に続けて、大谷選手はこう語っている。

「練習で何かを思いついたり、何かができるようになったり、こういうふうにやりたいいんだけどなと動画を探したり、そういうことのほうが面白いし、大事だったりする」

米スタンフォード大学の心理学教室が行った実験がある。学生たちに冬休み期間中に日記をつけてもらった。グループAの学生には「自分にとって、今一番大切にしたいことは何か」について記入してもらった。

そして、「その価値に結びつくどんな行動をしたか」についても記入してもらった。グループBには、「その日に体験した良い出来事」を記入してもらった。

すると、グループAの学生はグループBの学生に比べ、心身の状態が良くなっただけでなく、我慢してやっていた面倒な作業も大切な価値観と結びついていることに気付き、ストレスもほとんどなくなったのだ。

今すぐ「自分が今一番大切にしていること」を書き出そう。そうすれば、それに伴うどんな作業も楽しくなる。

今年、このまま
順調にいけば、
おそらくキャリアハイの
数字は残ると思いますし、
逆に言えば、
それがこれからの
自分の中の基準に
なるんじゃないですかね。

（『野球翔年Ⅱ　MLB編2018-2024　大谷翔平ロングインタビュー』　文藝春秋）※本文中の大谷選手の言葉も含む

「最高の自分」に向かって、一歩ずつ近付いていこう

この項の言葉に続けて、大谷選手はこう語っている。

「それを常に更新し続けていくことが、目指す数字ということになっていくのかなと思います」

大谷選手ほどの、未来志向の人間を見つけることは、とても難しい。自分はどんな凄いパフォーマンスを発揮できるのか。そのことについて、あらゆる先入観を排除して、並の人間では想像もつかないような「凄い自分」を鮮明にイメージできるから、大谷選手は次々に「メジャー史上初」の凄い記録を達成できるのだ。

過去の人生の延長線上で、これからの自分の未来の人生を思い描いてはならない。実は、人生はダラダラと右肩上がりで上昇していくのではない。人生のある瞬間に、突然飛躍するのだ。

大谷選手のように「最高の自分」を描くことを習慣化してみよう。それに向かって行動を起こしていけば、あなたも突然凄いことを起こせるようになり、飛躍のチャンスが訪れるのだ。

今すぐ「夢ノート」を作成して、思いつくまま「最高の自分」をできるだけ具体的に表現してみよう。目的はそれを実現することではない。「最高の自分」に向かって一歩ずつ近付くことこそ、尊《とうと》いのである。

ホームランを打ちたい、
あのフェンスを
越えられるようになりたい
と思って練習して、
それができるようになったときの
あの嬉しい感じ……、
僕は今もそういう感覚で
野球をやっています。

（『野球翔年Ⅱ　MLB編2018-2024　大谷翔平ロングインタビュー』　文藝春秋）

理屈抜きに目の前の単純作業に没頭しよう

大谷選手は「永遠の野球少年」である。2024年シーズンに、ドジャースの主力選手として大活躍した大きな要因は、いまだに小さい頃の「ホームランを打ちたい」という思いを、心の中に大切に持ち続けていることにあると、私は考えている。

もちろん、大人になって、少年時代に抱いていた「ホームランを打ちたい」という淡い思いは消えて、「バットの芯でボールを捉えたい」という強い思いに昇華《しょうか》されたが、いまだに大谷選手はそこに強いこだわりがある。

行動を起こすとき、「なぜその行動をするのか？」という理由はいらない。「楽しいから僕はやる」という少年が抱く気持ちがあるだけでいい。

なかには、「理由がないと行動できない」という人がいる。しかし、例えば、莫大な年俸を稼ぎたいから血の滲《にじ》むような努力ができるという考え方は間違っている。「ホームランを量産したい」という選手は、大抵ホームランを量産することはできない。その「欲」がバットを振る動作を支配する筋肉のノイズになり、バットの芯でボールを捉えることを難しくしてしまうからだ。理屈ではなく、脳はそのように作られているのだ。

大谷選手のように、「目の前の単純作業に没頭して、気がついたらホームラン王になっていた」と思える選手だけが一流の仲間入りができるようになる。

僕には「今日のメニューは5球を5セット」という練習はまったく合わないということがわかったんです。

（『野球翔年Ⅱ MLB編2018-2024 大谷翔平ロングインタビュー』文藝春秋）※本文中の大谷選手の言葉も含む

自分がやりたいメニューを、徹底して行うシステムを構築しよう

この項の言葉から、大谷選手は画一的《かくいつてき》な練習を徹底的に無視していることがよくわかる。この項の言葉に続けて、大谷選手はこう語っている。

「それでは感覚は養われないと思いました。続けて5球のスイングをして何ラウンドも回るチーム練習より、3球で良かったらそこでやめる。5球打ってもいい感覚じゃなかったら15球でも続けるほうが、早く感覚を養うためにはいい練習だと思ったんです」

日本のスポーツの現場では、まだまだ画一的な練習が幅を利かせている。特にトップダウン方式の指示型コーチングでは、主役はコーチであり、選手は脇役である。画一的な練習システムでは、コーチはとても楽である。なぜなら、コーチは居眠りしていても、選手は与えられたノルマをこなしてくれるからだ。しかし、画一的な練習メニューは「考えない選手」を量産する危険性をはらんでいる。

一方、メジャーリーグでは、選手は主役であり、コーチは脇役に過ぎない。「コーチ」の言葉の語源は、「馬車」である。もちろん**「コーチは御者《ぎょしゃ》」**である。しかし、**「選手は馬ではなくお客様」**である。お客様が行きたい場所に連れていくのが御者の仕事なのである。大谷選手が主張する、自分がやりたいメニューを徹底して行うシステムを構築するのが、有能なリーダーの役割なのである。

第3章

「目標設定の達人」になれば面白いほど人生はうまくいく

160kmのボールを投げたい。もっとホームランを打ちたいという気持ちがすべての原動力になっていたと思います。

（『不可能を可能にする 大谷翔平120の思考』 ぴあ）

目標には具体的な数字を入れよう

パフォーマンス心理学での重要なテーマのひとつである「目標達成」において、「数値化」は私たちの夢をかなえてくれる強力な武器である。このことに関して、私の大好きなエピソードがここにある。

あるヨット部のコーチが「ロープを強く握れ！」と、選手に向かって叫ぶ。しかし、これでは選手はロープを強く握れない。なぜなら、ロープを握る時間についての「数値化」が欠けているからだ。10秒間なのか30秒間なのか、このとき数字を入れたアドバイスをすべきなのだ。

大谷選手にしても、「球速160㎞」というクリアすべき数字があったから、モチベーションを高めてこの数字をクリアすることに全力で挑むことができたはず。

あなたが目標を達成したいなら、この「数値化」に加えて、もうひとつモチベーションを高めてくれる要素がある。それは「マートン理論」と呼ばれる目標設定水準に関する理論である。心理学者のR・マートンは、**「達成確率がもっとも困難な水準よりも、少しだけやさしい水準で行動することによりやる気レベルは最高になる」**と定義した。

大谷選手にとっては、球速160㎞という数字が、自らのモチベーションを最大化してくれる大きな要因なのだ。目標に具体的な数字を入れるだけで、私たちは眠っている潜在能力を遺憾なく発揮できるようになる。

（紙に）書くにあたっては、
期限と数字を
しっかり入れるということが
大事になってくるので、
（中略）ぼんやりと
思い描くよりは、
（目標に）近付きやすい
のかなと思います。

高校時代に作成された「目標達成法」の効果について語った言葉（日本スポーツ振興センター アスリート育成パスウェイ）
本文中のスティーブ・マラボリの言葉『成功者がしている100の習慣』 ダイヤモンド社）

目標を書き出せば、夢を実現する確率は必ず高くなる

あなたの人生には、「今日という1日しか存在しない」。昨日はもう終わってしまった過去のものであり、明日はまだ来ていないものだ。

1日は人生の縮図である。夜、眠りに就くのは「死ぬ行為」であり、朝、目覚めるのは、「生まれるのと同じ」なのだ。

だから、「今日も最高の1日になる！」と叫びながら、その日の朝にベッドから飛び起きよう。そして、前日のうちに書き留めておいた、今日やるべき行動や目標をしっかりとチェックして、それらをその日のうちにやり遂げよう。

行動科学のスペシャリストであるスティーブ・マラボリの言葉がある。

「目標があるなら、それを書き出そう。書き出さないなら、それは目標ではなく、ただの願望だ」

大谷選手のような一流の人間は、その日やるべき小さな目標を紙に書き、それを確実に、その日のうちに完了させる。一方、並の人間は、大きな夢を描くだけで行動を起こそうとはしない。

米ドミニカン大学のカリフォルニア校・心理学教室の実験では、**「目標を書くことで被験者の成功率が42％高まった」**という。大谷選手のように、日々の小さな目標を書き出すことこそ、夢実現の強力な武器となる。

「毎日バットを振る」
というよりは、
じゃあ「毎日何分間」とか
「毎日何本振っていく」とか、
そのくらい
明確じゃないと
ちゃんとこなせないんじゃ
ないかと思います。

「目標に数字を入れること」の大切さについて語った言葉（日本スポーツ振興センター アスリート育成パスウェイ）
本文中のBJ・フォッグ博士の言葉（『習慣超大全』 ダイヤモンド社）

日々の小さな習慣を積み重ねよう

すでに本書の中でも触れているが、「数値化」は目標達成のために必須の要素であり、その本人のやる気を最大化させてくれる。一方、数字の入っていない目標は、目標とは言えない。それは、ただの願望に過ぎないし、大抵は実現不可能である。

大谷選手のように、「毎日○分間、バットを振る」「毎日○本、バットを振っていく」など、日々の小さな数字を入れた目標を着実にこなすことこそ、夢を実現させる強力な武器となる。

目標というものは、達成するまでの期間が長くなればなるほど、それは描くだけで終わってしまい、行動を起こしにくくなる。大切なことは、日々の行動に目標を落とし込み、その日のうちに、着実にやり遂げることを習慣化することである。

このことについて、スタンフォード大学の行動デザイン研究所を創設したＢＪ・フォッグ博士は、自著でこう語っている。

「（私の）20年間の研究の結論として得られたのは、着実かつ持続的な唯一の方法は『小さく始める』ことだという事実だ。（中略）巨大なクジラを食べる最善の方法は『一度にひと口ずつ』口に運ぶことだ」

まるで歯磨きをするように、日々の小さな習慣を、当たり前のように実行することが身につけば、あなたも大谷選手のように、人生に奇跡を起こすことができるようになる。

自分が書いたからには
責任を持って取り組まなきゃいけない
と思いますし、やると決めたからには
やらなきゃいけないので、
そういう意味では
（ただ）思っているよりも
書いてどこかに貼ったりとか、
常に見たりとかっていうほうが、
そういう気持ちには
なるんじゃないかなと思います。

目標を達成するために大切なことについて語った言葉（日本スポーツ振興センター　アスリート育成パスウェイ）

すぐに行動を起こせる工夫をしよう

この世の中は、「実現したい夢」を描くことは得意だが、それを実現するための「行動計画の策定」には、いたって無頓着である人たちで溢れ返っている。大谷選手のように、達成したい目標を頻繁に見ることにより、その目標が実現する確率は着実に高まる。

私はこれまで250冊以上の書籍を世に出したが、執筆の際に大切にしている作業がある。それは、これから書き始める本のタイトルと主要テーマを、自分の手で大きく紙に書き出し、それを何枚もコピーして、書斎はもちろん洗面所や寝室の壁に貼りつけることだ。

この習慣こそ、私が長期間にわたり、粘り強く執筆に膨大な時間を割けた最大の要因である。つまり、**その夢を頻繁に見ることにより、それを実現するためのモチベーションが高まり、その結果、夢の実現が可能となるのだ。**

もうひとつ、目標達成のための成功法則がある。それは**「すぐに行動を開始できる工夫」**をすること。こんな実験がある。スーパーのアイスクリームの販売コーナーには、商品を溶かさないための扉がついている。この扉を開けたままにしたら、スーパーの利用者の30%がアイスクリームを購入した。ところが、扉を閉めたまま販売したところ、利用者の14%しか購入しなかったのである。

行動を起こしやすくする工夫を心がけるだけで、実現したい目標が達成する確率は俄然《がぜん》高くなる。

今年できたことを
来年（2022年）も
繰り返せる自信があります。
毎日、試合に出て
数字を積み重ねていけば、
少なくとも
今年と同じくらいの
成績は残せるかなと思います。

2021年ワールドシリーズの最中に2022年シーズンの抱負について語った言葉
（『SHO-TIME2.0 大谷翔平 世界一への挑戦』 徳間書店）

退路を絶って、自らにプレッシャーをかけよう

日本のアスリートが大好きな言葉は「頑張ります」で間違いない。なぜなら、たとえ成績が悪くても、試合に負けたとしても、この言葉を発しているだけで、周囲に許してもらえるからだ。

しかし、趣味ならともかく、少なくとも目の前の仕事においては、いくら頑張っても結果が出なければ、話にならない時代に突入している。

つまり、この世の中は結果でしか評価されないのだ。言い換えれば、結果を出せれば、別に頑張らなくてもいいのである。

結果を出すためには、自分にプレッシャーをかけて馬鹿力を発揮させればいい。モチベーションを高める上で、「宣言効果」は、強力な馬鹿力を発揮させる要因である。

「不言実行《ふげんじっこう》」はもはや時代遅れ。黙って実行することはマイナス要因である。つまり、いつまでにどんな目標を実現するかをクリアに宣言しなければならない。

大谷選手は、「今年できたことを来年も繰り返せる自信がある」と宣言することにより、自らにプレッシャーをかければ馬鹿力を発揮できることを、彼のキャリアを通して自覚しているのだ。

退路を絶って自らにプレッシャーをかけることにより、私たちの脳は馬鹿力を発揮できるようにつくられている。

ホームランを
狙おうというのは、
ほとんどないですね。
そういう打席は
ほとんどシーズン中もないので、
いいコンタクトしたら
勝手にホームランに
なると自分では思っている。

（『野球翔年Ⅱ　MLB編2018-2024 大谷翔平ロングインタビュー』文藝春秋）

「結果目標」を葬り去って、「行動目標」を達成しよう

目標には2種類ある。「結果目標」と「行動目標」である。多くの人々が「結果目標」を立てることに全力を尽くしている。しかし、**大谷選手のような一流の人間は、ほとんど結果には反応せず、「行動目標」に照準を合わせる。**

もちろん、バッターボックスに立ったときの大谷選手の最大の目的は、「ホームランを打つこと」である。ところが、本番のゲームで「ホームランを打ちたい!」と考えただけで、筋肉は硬直して練習でのスムーズな動きができない。つまり「願望」は、パフォーマンスの敵になるのだ。

大谷選手は「ピッチャーの投げるボールをバットの芯で捉える」ことに意識を集中させて、バッターボックスに入っている。もちろん、ボールの飛んでいく理想の角度は、それがスタンドに飛び込む角度であることは言うまでもない。

たとえそれがホームランにならなくても、彼が後悔することはない。そのような思考パターンであれば、どんな重要な局面でもプレッシャーから解放されて、持てる潜在能力を目一杯発揮できるようになる。それは彼のこれまでの活躍を見れば、一目瞭然《いちもくりょうぜん》だろう。

「結果目標」を潔く葬《ほうむ》り去って、目の前のやるべき作業に意識を集中させることが、あなたの潜在能力を発揮する切札となる。

毎年、自分のベストな年にしたいと思ってますね。失敗は失敗でいいと思いますけど、成功しても気持ち良く野球をやれていないと意味がないと思うので、何よりも気持ち良く野球をやることができたらと思います。

「次はどのようなシーズンにしていきたいですか？」という質問に答えて（『SPREAD』2020-3-30　デサントジャパン株式会社）

これが自分の目標を実現する人たちの3つの共通点

本書の別の項でも触れているが、大谷選手にとっての人生における重要なテーマのひとつは、「自己ベストの更新」で間違いない。「自己ベスト」こそ、私たちを本気にさせてくれる魅力的な目的である。

ペンシルベニア大学の著名な心理学者、アンジェラ・ダックワース博士は、25歳から65歳までの2000名以上の人を対象にして、どのような人が自分の目標に照準を定め、努力し続けることができるかについて調査した。するとと以下の3つのルールを遵守《じゅんしゅ》している人たちが、そのカテゴリーに属している人たちだった。

1＝興味をころころ変えない人。
2＝行動を開始したら最後までやり切る人。
3＝一度決めた目標は変えない人。

この3つのルールにまったく当てはまらない人でも、これらのルールを意識することで、自分の目標に向かって努力し続けることができるようになる。

あるいは、ドイツの著名なビジネスコンサルタントであるユルゲン・ヘラーはこう語っている。

「成功する人は『行動する人』だ。成功しない人は、成功について語ってばかりいる人だ」

大谷選手のように、自らの「自己ベスト」を目的にすれば、誰でも気持ち良くそれを実現するための行動を持続できるようになる。

僕は今でも
野球が好きですし、
練習するのが好きです。
その日の練習で
小さい目標を立てて
例えばピッチングで
何マイル以上出すとか、
それを毎日更新していくことで
試合のパフォーマンスも
上がっていくと思います。

（『Salesforce』／www.salesforce.com）

「細分化」こそ、目標実現のためのキーワード

本を執筆する際に、私が大事にしていることがある。それは「大きな夢よりも小さな達成感」という格言である。つまり私にとって、「好きなこと」は、すなわち「本当にやりたいこと」なのである。

大谷選手のような一流の人間にとって、「好き」は作業の内容が好きなのではなく、日々小さな達成感や進化が味わえるから「好き」なのである。

私にしても、パソコンとにらめっこして文章を絞り出す作業は、それほど面白いものではない。しかし、自分の思いを多くの読者に届けることが、文章を書くことを好きにさせてくれている。日々、コツコツと文章を書くという小さな達成感が、私を幸福にしてくれているのだ。

もちろん、大谷選手にしても、毎日自分が進化しているという「小さな進歩の獲得こそが、彼のモチベーションの源泉である」という事実は論《ろん》を俟《ま》たない。

例えば、あなたが腕立て伏せを日課にしようと思うなら、毎日100回という大きな目標を立ててはいけない。最初は1日10回から始めてみよう。「細分化」こそ、この時代のキーワードなのである。

月に1回の大きな達成感ではなく、毎日何回も味わえる小さな達成感を味わうことこそ、偉大な仕事を成し遂げるエネルギー源となる。

毎年ピークだと思って頑張るし、今年がベストだと思ってやるからこそ、ピークに達したときにより良くなるんじゃないかなと。

（『大谷翔平を追いかけて　番記者10年魂のノート』　ワニブックス）
本文中の大谷選手の言葉（雑誌『Ｎｕｍｂｅｒ』１０００号　２０２０・３・26　文藝春秋）

どうせなら、目標は高く設定しよう

多くの人々が、目的とする情報を手に入れただけで、自分は賢くなったと勘違いしている。しかし、もはやそれは明らかに時代遅れであり、そのことで満足しているような人間は、到底これからの時代には生き残っていけない。

これからの時代は「ディープラーニング」（深層学習）がキーワードになるはずだ。つまり、あるテーマを絞り込むだけ絞り込んで、そのテーマという井戸を限界まで徹底的に掘り進む人間だけが、貴重な宝の山に辿り着けるのだ。

大谷選手にとっても、彼にとっての最大のテーマは、「自分の限界に挑戦する」というものであると、私は考えている。自分にとっての野球の面白さについて、大谷選手はこう語っている。

「全部できるようになったら面白いなという、その感じがいいいんです。子どもの頃と一緒なんです」

オハイオ州立大学の心理学者、ハワード・クレイン博士によると**「目標を高めに設定したほうが私たちは全力を出そうとする」**という結論を出している。

目標を低く設定していると、本気を出さなくても楽をしながら目標に到達してしまうので、最善を尽くすことを怠《おこた》るのだ。この当たり前のことを実際に実行している人は、それほど多くない。

最初に「目標160㎞」
と言ったときは
「無理じゃないか」
と言う人たちもいました。
そう言われると、
絶対やってやる
という気持ちになる。

（『不可能を可能にする 大谷翔平120の思考』 ぴあ）
本文中の大谷選手の言葉（『道ひらく、海わたる 大谷選手の素顔』 扶桑社）

人間は高めの目標を設定するときに、全力を尽くすようにできている

大谷選手を超一流のメジャーリーガーに仕立てている大きな要因は、「飛び切りの自信家」であることは間違いない。

多くの人間が安易に「これは自分にはできない。不可能！」と考えてしまい、行動することを止めてしまうか、やり始めてもすぐに諦めて止めてしまう。しかし、これまでの結果や言動を見ればわかるように、大谷選手は違う。このことについて、大谷選手はこう語っている。

「あくまでも理想は何も考えずに、来た球をホームランにする。これが究極というか、一番良いバッターだと思います」

「目標達成」を重視すると、私たちはどうしても自分にとって達成しやすい、控え目な目標を立ててしまう傾向がある。しかし、達成しても面白くも何ともない、控えめな目標を達成しても、それは単なる時間の無駄遣いでしかない。

誰が言ったのかは知らないが、私が大切にしている以下の言葉を噛みしめよう。

「遠くの星を目指せば、たとえそこまで行けなくても遠くへ行ける」

たとえあなたが目標に到達できなくても、自分にとって精一杯頑張れるような魅力的な目標を設定すれば、あなたは凄いパフォーマンスを発揮して、大きな成果を上げることができるようになる。

第4章

モチベーションを高めて凄いパフォーマンスを発揮しよう

その瞬間が、
今日来るかもしれないし、
明日来るかもしれない。
もしかしたら、ある日突然に
何かを掴む瞬間が
現れるかもしれない。
だから毎日練習を
したくなるんです。

（『道ひらく、海わたる　大谷翔平の素顔』　扶桑社）※本文中の大谷選手の言葉も含む

ワクワク感を抱いて仕事にのめり込もう

大谷選手のような一流の人間は、常に進化を獲得することに意欲を示す。もしも、あなたが仕事における革新的な進化を成し遂げたかったら、以下の事実をしっかりと理解する必要がある。

ドーパミンという神経伝達物質こそ、人間をここまで進化させた大きな要因である。キーワードは達成感だ。この項の言葉に続けて、大谷選手はこう語っている。

「毎日毎日バットを振るときもそう、投げるときもそうです。もしかしたら、その瞬間が来るかもしれないと思って、いつもワクワクしながら練習に行くんです」

ワクワク感で表現される「自己進化の欲求」こそ、大谷選手を超一流のメジャーリーガーに仕立てた大きな要因である。私は、この一握りのスーパーアスリートを「オーバーアチーバー」と呼んでいる。これは「異常なほど達成意欲の強い人間」という意味の言葉である。

理屈抜きに、大谷選手は「達成意欲が強い」のだ。「努力をし続けたら夢を達成できる」という神話を信じ、頑張る人たちは多い。しかし、別項でも少し触れたが、「努力」という言葉は歯を食いしばって頑張るというニュアンスが漂っている。自分の行動から「努力」という意識が消え去って、「ワクワク感」という感覚が生まれたとき、あなたは着実に進化していけるようになる。

いいバッティングをしたい、いいピッチングをしたい。それをいつも望んできました。

野球への取り組みについて語った言葉(『大谷翔平 二刀流の軌跡』 辰巳出版)

「今自分が大切にしていることは何か？」について自問自答しよう

モチベーションを上げて、自らを奮い立たせることにかけては、大谷選手は類稀《たぐいまれ》なる天才である。スタンフォード大学の心理学教室の研究によると、「自分の価値観を思い出すと、自信が強まる」ことが判明している。つまり、「自分が今、大切にしたいこと」を明らかにすることにより、自信は高まるのだ。

普段から「今、自分が大切にしていることは何か？」について自問自答しよう。そうすれば、自分の行うべき具体的な行動がクリアになるし、決断も早くなる。

ただし、ひとつだけ注意すべきことがある。それは「自分の価値観」は自らコントロールできるものでなければならない。なぜなら、例えば「顧客の評判」や「自分の扱う商品の評価」という、自分がコントロールできないことに一喜一憂することにより、日々の行動に悪影響を与えるからだ。

毎週日曜日の夕方にグラスを傾けながら、「自分が今一番大切にしたいこと」についての思索を行い、出てきたアイデアをスケジュール帳にそのままの形で記入する習慣を身につけよう。そして書き留めるだけでなく、それを繰り返して読み返そう。

あなたにとって、大谷選手の「いいバッティングをしたい、いいピッチングをしたい」に当たるものは何だろう？　それを明確にすることにより、仕事や勉強が俄然楽しくなる。

限界が見えるまでやっていきたいと思います。

（『不可能を可能にする 大谷翔平120の思考』 ぴあ）

「昨日の自分を超える」ことにやり甲斐を見出そう

この項の言葉は、2013年、日本ハムファイターズに入団したとき、大谷選手が語った言葉である。一流の人間は、「自分史上最高」に挑戦する。もっと言えば、昨日の自分を超えることに、やり甲斐を見出している。そうすれば、小さなことに一喜一憂することはない。

一方、並の人間は、人と競って勝利することにやり甲斐を見出す。だから、常に一喜一憂しなければならない。その結果、目の前の作業に集中することができない。**結局は「他人より優れていたい」という欲を葬り去って、目の前の作業に集中し、自分磨きに徹することこそ、一流の人間の共通点なのである。**

並の人間が他人との闘いにエネルギーを消費しているときに、一流の人間は、ひたすら自らの潜在能力を発揮することに意識を集中させて、自分を高めていくことができる。「勝利」というのは、あくまでも目の前の行動に特化して、自らの潜在能力を開花させた結果に対するご褒美と捉えることが大切なのだ。

一流の人間は、スキルの向上に敏感である。だから、どんな些細《ささい》な変化も見落とさない。「昨日の自分よりも今日の自分、今日の自分よりも明日の自分」という、ほんのわずかな成長も実感でき、今まで見たことのない景色に対しての欲求が飛び抜けて強いのが、大谷選手のような一流の人間の特徴なのである。

努力を続けるには
成功体験が必要で、
自分のやってきた練習が
試合での活躍に
つながれば
次に頑張る
力になります。

（『Salesforce』／www.salesforce.com）
本文中の大谷選手の言葉（雑誌『Number』1002号 2020・5・21　文藝春秋）

頑張ったとき、「自分へのご褒美」を用意しよう

不毛な努力は挫折しやすい。同じ努力をするにしても、ご褒美があれば人間は頑張れる。もちろん、大谷選手も例外ではない。ご褒美は「お金」や「名誉」だけとは限らない。「成功体験」や「新しいスキルの獲得」も、立派なご褒美なのである。

野球がうまくなる感覚について、大谷選手はこんなことも語っている。

「良くなかったこと、良かったことが毎日、毎日出てくるんです。今日もありましたよ。それを明日、どうやってみようかなっていうのが何個か出てきて、それを次の日に試して、という繰り返しです。そうやって、ちょっとずつ伸びてくるんじゃないかと思います」

米ペンシルベニア州立大学の心理学者、マーガレット・メロイ博士はある実験を行っている。グループを2つに分け、グループAには、作業に見合ったお金を支払い、グループBには何も与えないというルールで、延々と文章を読ませる作業をやらせた。

すると、グループAは、平均7分間読み続けることができたが、グループBは平均4分半で止めてしまった。何も得られない努力は、簡単に挫折してしまうのだ。

「自分が頑張った後、欲しいものが手に入ることが保証されていたら、私たちはあまり気が乗らない作業でも頑張れる」という事実は知っておいたほうがいい。

バッターは
3割を打って凄いと
言われますけど、
やっぱり一度のミスもなく
打率10割のときに
100%と
思えるんじゃないですかね。

（『道ひらく、海わたる　大谷翔平の素顔』　扶桑社）

「最高の自分に巡り逢う」ことこそ、最強のモチベーション

大谷選手は「その行為が自分にとって面白いか、楽しいか」といった感覚を大事にしている。もちろん、その前に「正しい行為をする」という前提条件があることは言うまでもない。実際、「面白い」とか「楽しい」という感覚と、「上達」とか「進化」は、とても相性がいいのである。

モチベーションは、大きく2種類に分類できる。「内発的モチベーション」と「外発的モチベーション」である。

「お金」や「名誉」といった承認欲求に関係するものは、すべて典型的な外発的モチベーションであり、「夢を追い求めたり、物事に没頭する」という自己実現に関係するものは、内発的モチベーションで間違いない。

大谷選手の心を揺り動かしている究極の内発的モチベーションは、多分「最高の自分に巡り逢う」ことだろう。それは、バッターとして全打席連続ホームランを記録することであり、ピッチャーとしては、完全試合を成し遂げることである。

残念ながら、それらは大谷翔平とて実現が難しいもの。しかし、それを追い求めることこそ、彼にとっての快感なのである。すべての打席でホームランを打ったり、すべての打者を抑えることこそ、大谷選手にとっての、最高にワクワクする感情であり、最高のモチベーションなのだ。

目標を持つことは
大事だと思いますし、
僕がどういう選手に
なるのかというのは
自分で決めること。
（中略）チームの柱として
頑張ってる自分を
想像するのは
凄く大事なこと
なのかなと思います。

（『大谷翔平　野球翔年Ⅰ　日本編２０１３－２０１８』　文藝春秋）

「持論系モチベーション」こそ、「一流の人間のモチベーション」

これまでの大谷選手の人生の中で起こった大事なことは、すべて自分自身で決めてきた。この項の言葉がその事実をわかりやすく教えてくれる。モチベーションは、私たちが良質な仕事をする上で最重要な要素のひとつである。いくらあなたが才能に満ち溢れていても、目の前の作業にのめり込めないようでは、成果を上げることなど到底不可能。

あなたは3つの強力なモチベーションを知っているだろうか？ **「希望系モチベーション」「緊張系モチベーション」、そして「持論系モチベーション」である。**

まず「希望系モチベーション」である。私は「子どものモチベーション」と読んでいる。キーワードは「夢」「目標」「成功」である。残念ながら、これらを思い描くだけで、行動が伴わなければ実現することはない。

2番目の「緊張系モチベーション」を「大人のモチベーション」と、私は呼んでいる。これは仕事に使える。期限を設定することにより、私たちの脳は馬鹿力を発揮できる。学生時代の一夜漬けはその典型例である。

3番目の「持論系モチベーション」こそ、「一流の人間のモチベーション」である。大谷選手を本気にさせているのは、このモチベーションで間違いない。「持論」を徹底して行動に反映させれば、あなたも最上級の良質なモチベーションを獲得できるようになる。

良いスイングが出来れば、（投球が）高くても低くても、内でも外でも、ホームランに出来ると思っている。

2021年7月の雑誌のインタビューで、自分の打撃論について語った言葉（『Number web』2021・7・25　文藝春秋）

日々の鍛練によって、自分の武器を極限まで磨き上げる

本書の別項でも述べているが、大谷選手は飛び切りの自信家であり、その自信が彼の凄いパフォーマンスを支えている。それでは、その自信はどこから生まれてくるのだろう？

大谷選手は自分の信念に従って、自ら掲げたテーマの井戸を深く掘り進んだから、偉大なメジャーリーガーの仲間入りができた。著名な心理学者、アブラハム・マズロー博士は、**「人類の物語は『自分を過小評価する』人々の物語である」**と語っている。その理由は、「ほとんどの人は、自分の欠点や弱点に意識を注ぐ傾向があるからである」と。

そうではなく、日々の鍛練によって自分の武器を極限まで磨き上げるという意識を持てば、誰でも大谷選手のように自信満々になり、凄いパフォーマンスを発揮できる。もちろん、野球で大谷選手のようなパフォーマンスは発揮できないが、あなたの得意で好きなテーマでは、大谷選手に負けることはない。

「自分史上最高のパフォーマンス」を発揮することにチャレンジすれば、自然に誰でも自信はついてくる。テーマに沿って、「私はこうやるんだ！」という信念に従ってひたすら行動すれば、あなたは次々に「自分史上最高のパフォーマンス」を更新していけるのだ。

「自分の信念に従って、自らが掲げたテーマの井戸を掘り進むこと」こそ、仕事で成果を上げる王道である。

（僕が）できることは、
フィールド上で
持っているもの
すべてを出し切り、
そうすることで、
見ている人たちに
力を与え、楽しんで
もらうことですね。

（『SHO-TIME2.0 大谷翔平 世界一への挑戦』 徳間書店）
本文中のコーチジョン・ウッデンの言葉（『バスケットボールメンタル強化メソッド』 実業之日本社）

「持てる力をすべて出し切ること」をやり甲斐にしよう

多くの人々が「他の人よりも優位に立ちたい」という意識を持ちながら、日々研鑽《けんさん》を積み重ねている。

しかし、これはモチベーションを上げる障害となる。それとは反対に、大谷選手をその気にさせているのは、**「持てる力を出し切ること」**である。

私が卒業したUCLA（カリフォルニア大学ロサンゼルス校）のバスケットボール部コーチ、ジョン・ウッデンの言葉を噛みしめよう。彼は、27年間務めた最後の12年間で、NCAA（全米学生選手権）10度の優勝を成し遂げた、バスケットボール界の名将である。

「成功とは、自分がなり得る最上の者となるために、最善を尽くしたと自覚する充足感から生まれる『心の平静さ』である」

野球の試合でも、勝ったら大喜び、負けたら不機嫌になる選手がいるが、このような選手は大成できない。なぜなら、この選手は結果に一喜一憂するだけで、自分の行動に無頓着だからである。昨日までの自分を乗り越えることをやり甲斐にすれば、試合で勝とうが負けようが、モチベーションを落とさず日々鍛錬を積み重ねていける。

大谷選手のように、仕事の現場で「持てる力のすべてを出し切ること」をやり甲斐にすれば、あなたも着実に成長していけるようになる。

第5章

真のプラス思考をマスターすれば人生はもっとうまくいく

特別に変えたことはないですね。もうやることはずっと言っているとおり変わらないので。（中略）まあスモールサンプルの中の偶然起きた数字じゃないかなと思います。

「シリーズ途中までランナーなしで22打数ノーヒットとなっていたが、何か変えたことはあるか？」という記者の質問に答えて
（『NHK NEWS』2024・10・21）

本文中のブランアン・トレーシーの言葉（『まずは、自信をつけてしまえ！』 学研プラス）

自分の信念を貫けば、必ず欲しいものが手に入る

２０２４年10月20日、この日ドジャースはメッツとのリーグ優勝決定シリーズ第６戦で10対５で勝利。これでドジャースは、４勝２敗とし、４年ぶりにナショナルリーグを制してワールドシリーズ進出を決めた。

ポストシーズン途中まで、大谷選手はランナーなしの状況で、22打数ノーヒット。一方で、得点圏打率は６打数５安打２本塁打８打点。打率８割３分３厘。このデータが彼のチャンスにおける強さを証明している。

大谷選手のような一流の人間は、小さい頃から今まで、自分の信念を貫いて生きてきたから、結果がどうであれ、自信の量が変わることはない。

アメリカの著名な経営コンサルタント、ブライアン・トレーシーは自らの著書でこう語っている。

「揺るぎない自信は、自分の価値観に徹底してこだわることから生まれる。心の奥で自分の信念を決して曲げないと思っていれば、あなたは自信に満ちて、正々堂々と、あらゆる状況に対処できるという強い気持ちになる」

自分の信念は他人から与えられるものではない。自分が感じるものである以上、結果に左右されてはいけない。どんなことが起こっても、最低１年間は自分の信念を貫こう。そうすれば、満足感が心に溢れて、必ず欲しいものが手に入るようになる。

僕は、今年（2021年）の数字は最低限のものだと思っています。

（『SHO-TIME　大谷翔平　メジャー120年の歴史を変えた男』　徳間書店）

人間は「自信過剰」くらいでちょうどいい

２０２１年のシーズン、大谷選手は投手として９勝２敗、防御率３・１８。打者としては46本塁打、１００打点、打率２割５分７厘という素晴らしい成績を挙げた。二刀流で活躍したこの成績を「最低限のものである」と断言する、飛び切りの楽観性が大谷選手の大活躍を支えている。

米ネブラスカ大学の心理学者、F・ルーザンス博士らは、**「自分の仕事について、その明るい面を常に見ている人間は、そうでない人たちよりも仕事の満足度や実績が高い」**という結論を出している。

私は少なくとも１５００以上の大谷選手のコメントを収集しているが、後ろ向きの言葉はほとんど見当たらない。

あるいは、ウィスコンシン大学の心理学者、グレノ・マルシェ博士は、子どもを対象にして「やる気」の高い子どもの共通点を調査した。その結果、「自分が好き」「自分の才能や実力に高い価値を置く」と答えた子どもほど、やる気が高かったのだ。もちろん、大谷選手がこのタイプの人間であることは言うまでもない。

日本人は、欧米人に比べてまだまだ控え目であり、自分の潜在能力を過小評価している。それが私たちに限界を与えている。

だから、周囲の人たちから「あいつは大風呂敷だ！」と言われるくらいのほうが、ちょうどいい。

負けた日はそうですし、
1週間、2週間は
やっぱり
落ち込みますね。
（中略）それをどうやって
次につなげる
かっていうのが
大事かなと思います。

（日本スポーツ振興センターアスリート育成パスウェイ）

「ネガティブ思考」の持ち主ほど、この世の中で生き残る

「私はこんなに努力しているのに成果が上がらない」と不満を言う人がいる。こんな人ほど、努力のレベルが低いのだ。

大谷選手が野球における類稀なる才能を持って生まれてきたというのは、厳然な事実である。しかし、野球の才能は、メジャーリーガーになるための「必要条件」であっても、「十分条件」ではない。**自分の問題点と真摯に向き合って、それをひとつずつ丹念につぶしていったから、現在の大谷選手があるのだ。**

あるいは、大谷選手に「妥協」という言葉は似合わない。並の人間は自分の欠点から目を逸《そ》らす。だから、成長できない。一方、大谷選手のような一流の人間は、自らの問題点と向き合って、それを解決することに全力を尽くすことができる。

進化心理学の見地から考えると、直近1万年では、人類の生物的な進化はほとんど存在しない。しかし、その間に文明は劇的に進化した。人類は「ネガティブ思考」の持ち主だけが生き延びてきた。

残念ながら、私たちの先祖で、自らに襲いかかる危険や脅威に無頓着な「ポジティブ思考」の持ち主は、簡単に猛獣の餌食《えじき》になったり、病原菌を含む食べ物や水を摂取したりして命を落としたはずだ。

大谷選手のような「ネガティブ思考」の持ち主ほど、この世の中で生き残れるのだ。

僕は
マイナス思考なんです。
だから
弱点が見えたら
しっかり直して
塗りつぶしたい。

（『不可能を可能にする 大谷翔平120の思考』 ぴあ）

ピンチに見舞われても、冷静に受け止めてベストを尽くそう

パフォーマンス心理学において、「ポジティブ思考」は重要なテーマのひとつである。しかし、多くの人がポジティブの解釈を間違えている。

彼らは、「物事の良い面だけを捉えてモチベーションを高める」ことをポジティブ思考であると思い込んでいる。

しかし、真のポジティブ思考はそうではなく、**「置かれた状況の良い面も悪い面も、そのありのままを受け入れて、ベストを尽くすこと」**なのである。

大谷選手のような一流の人間は、ことさら自分に厳しいから、湧き上がってくる不安を糧《かて》にしてチャレンジを仕掛けることができる。つまり、「危機回避」のシグナルのセンサーが高感度であるため、そうなるのだ。

順風満帆《じゅんぷうまんぱん》のとき、一流と並の人間に違いはない。問題はピンチのときである。並の人間は、ちょっとしたピンチになっただけでうろたえてしまい、危機回避どころか、状況をさらに悪化させてしまう。

一方、大谷選手のような一流の人間は、ピンチに見舞われても冷静にそれを受け止めることができ、さらにベストを尽くすこともできる。これからの時代は、不安を抱きながらも、大谷選手のように、置かれた状況でベストを尽くせる人間だけが、大きな夢をかなえることができる。

何事もバランスかなと
思っているので、
いいこともあれば悪いこともある。
意識的にいいことを
考えるのは大事かなと
思いますけど、
常にポジティブでいようとは
思っていません。

（『野球翔年II MLB編2018-2024 大谷翔平ロングインタビュー』 文藝春秋）

問題点を素直に受け入れて、それを克服することにやり甲斐を見出そう

巷には、「ポジティブ思考」礼賛《らいさん》の嵐が吹いている。しかし、大谷選手の素晴らしさは、うまくいかないことから目を逸らさず、その原因をとことん考え抜き、見事にピンチを切り抜けることに、やり甲斐を見出していることである。

大谷選手は、うまくいかないことの中に、自分を飛躍させてくれるヒントが潜んでいることを知っているから、そこから逃げずにその原因を探り出すことができるのだ。

米コーネル大学の心理学者、ダニング博士は、「能力の低い人間ほど、自分の未熟さを正しく認識できない。結果、自分を過大評価してしまう」という結論を導き出した。このタイプの人間は、たとえ自分に弱点があったとしても、そこから目を背けて、それを克服しようとはしない。

一方、大谷選手のような一流の人間は、自分の能力不足を潔く認めて、ひたすら考え抜く。そして、その問題を克服するために、具体的な行動として実践し、見事に解決してしまう。このタイプの人間は稀《まれ》であり、貴重な存在なのだ。

パフォーマンス心理学の専門家として、私が定義する「ポジティブ思考」とは、大谷選手のように、「現実の問題点を素直に受け入れて、それを克服することにやり甲斐を見出す」ことを指すのだ。

頑張れという声も、
自分が
マイナス思考のときは、
「ちゃんとストライクを
入れろ」
に聞こえるんです。

（『不可能を可能にする 大谷翔平120の思考』 ぴあ）

リストラされても落ち込まなかった人間の共通点

何事にも楽観的な人間は、真のプラス思考の人間ではない。なぜなら、このタイプの人間は、何事においても、自分の都合のいい解釈をするため、ちょっとしたピンチに遭遇しただけで、簡単に挫折してしまうからだ。

本書の別項でも触れているが、目の前の状況を客観視して、それをありのままに受け止め、自らを叱咤激励《しったげきれい》しながら行動を起こせる人間こそ、真のプラス思考の人間なのだ。

米カリフォルニア大学のサルバドーレ・マディ博士は、リストラされたビジネスマン450人を対象に調査をした。そのうちの3分の2の人たちは、心臓疾患、うつ病、アルコール依存症といった深刻な問題を抱えていた。一方、残りの3分の1の人たちは、そのような兆候が見られなかった。それどころか、彼らはとても健全な生活を営んでいた。

マディ博士はこの3分の1の人たちを調査して、以下の3つの共通点を見出した。

1＝彼らは自分の置かれた立場で最善を尽くすことができた。

2＝自分には良い結果を導く力があると信じていた。

3＝難しい問題を解決しようとするチャレンジ精神があった。

大谷選手は、この3つの要素を兼ね備えているからこそ、凄いパフォーマンスを発揮できる。

僕からは1個だけ。
憧れるのをやめましょう。
（中略）僕らは今日超えるために、
トップになるために来たので。
今日1日だけは
彼らへの憧れを捨てて、
勝つことだけを考えていきましょう。
さあ行こう！

（『大谷翔平語録』　宝島社）

過去のデータを葬り去って、「最高の自分」を思い描こう

この項の言葉は、すでに多くのマスメディアが取り上げているから、あなたも知っているだろう。米マイアミで開催されたWBCは2023年3月21日、決勝戦が行われ、日本代表「侍ジャパン」がアメリカ代表を3対2で破った。この試合前、円陣を組んだチームに大谷選手は「声出し」としてこの言葉をかけ、メンバーを奮い立たせた。**「自己イメージ」こそ、私たちのパフォーマンスに多大な影響を与える要素である。**

多くのアスリートが、過去の戦績やパフォーマンスによって無意識に「決めつけ」を行っている。私は、学生時代にテニスプレーヤーとして全日本選手権にも出場したが、ゲームの勝敗を左右するのは、「自己イメージ」の違いで間違いない。

例えば、技術が同レベルの2人のテニスプレーヤーが対戦するとき、過去の戦績でやや有利なアスリートAは、「このプレーヤーに負けるはずがない」と考える。一方、戦績でやや劣っているアスリートBは、「このプレーヤーが苦手だ。今日も勝てそうにない」と勝手に決めつけてしまう。これでは、勝負する前から結果は決まっている。

もちろん、勝利するのは前者である。過去のデータを葬り去って、「最高の自分」を思い描くことこそ、凄いパフォーマンスを発揮する重要な要素である。

インコースの厳しいところにも、
投げてもらえるからこそ、
成長できますし、
内の厳しいところが
打てるようになってきたら、
次は外に逃げる球をどう打つか、
緩急をつけられたらどうするのか……、
それこそが
僕が成長できる
絶好のチャンスですからね。

「打撃面で自分をどのように評価しているか？」という質問に答えて（雑誌『Number』912号2016・10・20　文藝春秋）

「ネガティブ・フィードバック」こそ、夢実現の大切な要素

進化は厳しい環境下で実現する。逆に、順風満帆に浮かれていると、とんだしっぺ返しを食らう。つまり、私たちは、うまくいかなかったときに進化するのだ。うまくできなかったことから逃げれば、その問題点は野放しとなり、その後の人生に悪影響を与える。

ネガティブ・フィードバックは、多くの人々が嫌がる、進化するために不可欠な要素である。もちろん、大谷選手が「ネガティブ・フィードバックの達人」であることは、この項の言葉から明らかである。「今日のゲームではこの点がダメだったから、次のゲームではこのことを試してみよう」。こんな自問自答が、常に大谷選手の脳裏を駆け巡っているはずだ。

米イリノイ大学の心理学者、ヤング・キム博士は280名以上の大学生に数学のテストを行った。**その後、教師が「君の成績は良くなかった」とウソのネガティブ・フィードバックをした学生は、自らの自尊心を取り戻そうとして、精力的に勉強を行い、次のテストで大きく成績を向上させた。**

一方、「君の成績は良かった」とポジティブ・フィードバックをしたグループは、それで慢心してしまい、チャレンジする意欲を失い、次のテストでの向上は見られなかった。ピンチになったとき、負けん気をむき出しにして問題を解決するか、ガッカリして挫折してしまうか、その違いはとてつもなく大きい。

誰かに勝ちたいと
思ったことはあまりないので、
自分のできることが増えたことが
嬉しいという思いが強いですね。
例えば「何キロしか
投げられなかったけれど、
練習してもっと速く投げられる
ようになった」とか、
そういうところで
楽しんできました。

（『デサントジャパン』特別インタビュー 2020・3・30）

もっと自分に期待すれば、凄い成果を上げることができる

本書の別項でも触れているが、目標は高いほうがいい。つまり、周囲の人たちから「無理だよ」と言われた目標水準で、ちょうどいいのである。**「自己期待」**は、大谷選手のような一流の人間だけが保持している、**「大きな夢を実現するエネルギー源」**となる。

このことに関して、米ニューヨーク州立大学のリチャード・フェルソン博士が興味深い実験をしている。２０００人以上の高校生を被験者にして、入学してから卒業するまでの３年間を追跡調査した。調査内容は、どういう生徒が学業成績を向上させたかについてである。

その結果、「自己期待」の度合いが高い生徒ほど、３年間で大きく成績を伸ばしていたのだ。その理由をフェルソン博士は、「自己期待の傾向が強い生徒ほど、努力を厭わないから」と結論付けている。

「僕はもともと素質があるんだ」「私はやればできるんだ」「僕は自分が一番好きなんだ」といった「自己期待」の高い生徒ほど、「努力をすれば成績は必ず向上する！」と本気で信じているのだ。もちろん、大谷選手がそのカテゴリーに属する人間であることは、論を俟たない。

もっと自分に期待しよう。そうすれば、あなたも仕事や勉強で凄い成果を上げることができるようになる。

あの優勝したときの
決勝戦を思い出すと、
みなさんに僕が
主力選手だったと記憶して
ほしいと思います。
僕は大きな役割を
果たしたと思っています。
優勝チームの中心選手でした。

2023年3月に開催されたWBCを振り返って語った言葉（『SHO-TIME2.0 大谷翔平 世界一への挑戦』 徳間書店）
本文中の大谷選手の言葉（『スポーツニッポン』2019・11・15 スポーツニッポン新聞社）

普段から、自信満々の表現を口にする習慣を身につけよう

バッターボックスやマウンドに立ったとき、大谷選手ほど自信満々の表情と態度を表わす他の選手を探すのは、とても難しい。日本人はまだまだ「控え目こそ美徳」と考えているため、控え目な目標や結果に終始してしまう。しかし、もはやこれからの時代、控え目な人間は生き残ることがとても難しい。

米カンザス州立大学の心理学者、ジェームス・シャントー博士は、「経済、農業、ヘルスケア」など、さまざまな分野で一流と呼ばれる人たちの共通点について調査した。その結果、彼らの多くが「この仕事は俺に任せろ！」という、自信に満ち溢れた人間だったのだ。

２０１９年シーズンを終えて、エンゼルスのマドン新監督の期待に応える意欲について、大谷選手はこう語っている。

「基本的に、自分ができることはあまり変わりません。基本的には自分はこれができる、これが自信があるというところを、チームのためにに必要なポジションで発揮できれば、十分（試合で）使ってもらえるんじゃないかと思っています」

普段から、大谷選手のように、自信満々の表現を口にする習慣を身につけよう。たとえ心の中に不安や恐怖があったとしても、口にしないと自分に言い聞かせる。それだけで、あなたの周囲で良いことがどんどん起こるようになる。

ああ、腕が振れないな、
と思いながらマウンドに
行くのは楽しくない。
自分に不安なく、
１００％、抑えてやるぞという
気持ちだけで投げられれば、
楽しさはまったく
違うと思います。

（『野球翔年Ⅱ　MLB編２０１８-２０２４　大谷翔平ロングインタビュー』　文藝春秋）

ポジティブ経験志向の高い人間ほど人生の満足度が高い

２０２２年シーズンは、大谷選手にとって、それまでの５年間のメジャーリーグにおいて、最高のシーズンとなった。ピッチャーとして28試合に登板して15勝９敗、防御率２・３３。バッターとしては、１５７試合に出場して１６０安打、34本塁打、95打点、打率２割７分３厘だった。

間違いなく、大谷選手のこの大活躍を支えていたのは、「楽しさ」を最優先したことにあると、私は考えている。パフォーマンス心理学の観点から考えると、「楽しさを最優先させて、それを感じさせてくれる具体的な行動を起こすことこそ、パフォーマンスを発揮する最強の武器のひとつ」なのだ。

オーストラリアにあるメルボルン大学の心理学教室のデータでは、「**ポジティブ経験志向の高い人間ほど人生の満足度が高い**」という事実が判明している。

つまり、大谷選手のように、自分が幸福になるためには、そういう思いになるための行動を起こすことが大事なのだ。

仕事でも趣味でも、あなたの人生の中で「何をすれば楽しいのか？」「目の前の仕事を楽しくするには、どのような行動を起こせばいいのか？」について、考える時間をたっぷり確保しよう。

これこそが、あなたの人生を幸福に導く大きな要因となる。

プロ野球選手になりたいな、
でもこの日々が
面白いなって、
その時点で満足していては
プロ野球選手にも
なれないし、
幸せには見えません。

（『野球翔年Ⅱ MLB編2018-2024 大谷翔平ロングインタビュー』 文藝春秋）

今すぐ「自分が今一番大切にしていること」を書き出そう

「幸せ」という言葉を辞書で調べると、「その人にとって望ましいこと。不満がないこと」と記されている。幸せは、その人の解釈によって多種多様である。

ある大手新聞社の取材で、「児玉先生にとって、大谷選手という人物を一言で表現すると、どういう人間になりますか？」と問われ、私はこう答えた。「大谷選手は永遠の野球少年なんですよ」と。

大谷選手にとっては、「名誉」「お金」「優勝」は、すべて脇役に過ぎない。「野球をしているときが一番幸せ」という強烈な感覚が、大谷選手を超一流のメジャーリーガーに仕立てたのだ。

あなたが最近、幸福感を感じた瞬間は、どんなときだろう？　そのことを真剣に思い返してみよう。その日あなたの身の上に起こった出来事を、ベッドに入る10分前を活用して思い出してみよう。そして、その日の反省も兼ねて、その日に起こった嬉しかったことや、充実していたことをありのままに書き留めよう。この「ポジティブ日記」が、私たちを幸福感溢れる人生に導いてくれるのだ。

もちろん、起こった出来事だけでなく、そのときに自分が感じた思いをありのままに記すことにより、あなたの心の中には着実に「幸福感」が高まって、凄いパフォーマンスを発揮できるようになる。

第6章

逆境が
あなたに凄い
才能を
授けてくれる

僕はもっと挑戦したい。
僕はこのドジャースで
さらに新しくて
大きな課題に
直面するでしょうし、
直面したいです。
僕はもう覚悟しています。

(『SHO-TIME2.0 大谷翔平 世界一への挑戦』 徳間書店)
本文中の加藤諦三氏の言葉(『逆境をはね返す心理学』 PHP研究所)

「逆境は自分を成長させてくれる試練」と考えて、その克服に全力を尽くそう

　大谷選手のように、「壁があるから仕事は面白い」、そう考えることができれば、あなたも一人前だ。もしもあなたが成功したかったら、壁を乗り越えなければならない。壁もなく、何の苦労もしないでかなえることのできる夢は、たいした夢ではない。つまり、夢の大きさと壁の数や高さは比例するのだ。

　残念ながら、多くの人々がちょっとした壁にぶち当たっただけで、簡単に行動を止めてしまう。

　一方、大谷選手のような逆境耐性の強い人間は、壁を乗り越えるための行動を日々粘り強く繰り返すことができる。

　このことについて、著名な心理学者の加藤諦三氏は、自らの著書の中でこう語っている。

「悩んでいる人は、計画を立てるときに、即効性のある計画を立てようとする。30年後に幸せになっている人は『昨日より今日、今日よりは明日』という生き方を30年する人である。夢がかなうのは、30年毎日10円貯める人である」

　もちろん、大谷選手が日々の小さな目標を、着実に実現することを大切にする人間であることは言うまでもない。

「逆境は良くないこと」と考えて避けるか、それとも「逆境は自分を成長させてくれる試練」と考え、それを克服することに全力を尽くすか。その違いはあまりにも大きい。

やれるだけのことはやって、練習もやってきていたので、(中略)悪かったからといって落ち込むこともないですし、1回1回、1打席1打席、1球1球、繰り返し繰り返し、前進していけばいいんじゃないかと思います。

(『大谷翔平語録』 宝島社)

執着心を持った人間だけが、夢をかなえることができる

鍛錬は飽き飽きするような単純作業の繰り返しだ。大谷選手にしても、「ボールを投げる動作」や「ボールを打つ動作」は、面白くない作業のはず。それでは、なぜ彼が気持ちを込めて、丁寧にこの作業を持続できるのか。

その理由は、この単純作業こそが、自分を「史上最高の自分」に巡り逢わせてくれると、大谷選手は信じているからだ。一流の人間は、執着心が半端ではない。解決したいテーマがあれば、解決するまで絶対に投げ出さない。

一方、並の人間は打開策がなくなったら、すぐに諦めてしまう。このことに関して、著名な心理学者、マーティン・セリグマン博士が興味深い実験をしている。実験1日目に被験者に大音量の音楽を聴かせた。そこに、音楽を止めることも、音量も下げることができないボタンを設置した。翌日も同じ音量で音楽を聴かせたが、今回は押せば音楽が止まるボタンに替えて実験を行った。3分の2の被験者は、そのまま辛抱して音楽を聴いた。

一方、残りの3分の1の被験者は、実際にボタンを押して音楽を止めた。実験後、性格検査により後者の共通点が判明した。**彼らは楽観的で「挫折してもそれは一時的で、すぐに克服できる」と信じている人たちだった。**

大谷選手のように、結果が出なくても、問題を解決するまで行動を止めない、執着心を持った人間だけが大きな夢を実現できる。

楽しむためには
やっぱり
自分のパフォーマンスを
出せる状態、
っていうのが
一番かなと思います。

（『大谷翔平語録』 宝島社）

「した後悔」よりも、「しなかった後悔」のほうがダメージは大きい

メジャー3年目の2020年シーズンは、大谷選手にとって「空白の1年」だったかもしれない。彼は投手として2シーズンぶりに復帰を果たしたが、たった2試合しか登板していないし、1イニング3分の2しか投げていない。

打者としても、44試合に出場して、ホームランは7本、24打点、打率1割9分。しかし、そのような結果の出ないシーズンがあったからこそ、現在の大谷選手の凄いパフォーマンスがあると、私は考えている。

高くジャンプをするためには、膝を曲げて重心を低くすることが不可欠である。つまり、逆境は、その後に続く飛躍のために、不可欠なエネルギーを溜め込む大切な時期であると考えてみよう。

このシーズン、怪我の影響やスランプの真っ只中にあっても、大谷選手は早出の特打ちに没頭したり、積極的に打撃フォームの改造を試みたりしていた。

米イリノイ大学のニール・リーズ博士は、「した後悔」よりも「しなかった後悔」のほうが、ずっと後悔の度合いが大きく、しかも長く尾を引くことを突き止めた。

スランプに陥《おちい》っても、モチベーションを落とさず、そこから脱出するための行動を起こすことこそ、大谷選手のような一流の人間の共通点なのである。

良くても悪くても、どんどん変えていくっていうのは良いところじゃないかなと思いますね。

（『道ひらく、海わたる　大谷翔平の素顔』　扶桑社）※本文中の大谷選手の言葉も含む

今すぐ「現状維持」から脱出しよう

人間は、ともすれば「現状維持」に満足してしまう動物である。その理由は、「現状維持」は快適だからである。しかし、それでは進化していくことなんて到底できない。

日本人は、失敗することを極端に嫌がる。なぜなら、日本という国は、いまだに徹底して「減点主義」を貫いているからだ。

しかし、もはやそれは時代遅れである。平均レベルの成果を上げて、何事にも波風を立てない優等生は、これからの時代では、生き残れない。この項の言葉に続けて、大谷選手はこう語っている。

「すごくいい状態のときでも、それを維持していこうというよりも、それを超える技術をもうひとつ試してみようかなと思う。挑戦してみようかなというマインドがあるのは、得なところだと思います」

現状維持という快適領域から飛び出さない限り、到底「進化」など望めない。もちろん、そうすることにより、失敗することもあるだろう。

しかし、快適領域に安住するよりも、失敗することのほうが、よほど役立つことなのだ。なぜなら、「失敗」も「成功」するために、不可欠な要素であるからだ。

失敗することなしに到達するような「目標」は、たいした目標ではない。もっと言えば、「進化」の程度は、失敗の数の多さによって決まるのだ。

できなかったことや、
うまくいかなかったことを
練習でできるようにしていく。
毎日が挑戦ですし、
その積み重ねでここまで来ました。
明日以降もその積み重ねを
続けていくことが
やはり大切だと思います。

（『三菱UFJフィナンシャル・グループ』ホームページ）
本文中の大谷選手の言葉（『Salesforce』／www.salesforce.com）

人間は、挫折の数を誇れるようになって一人前

結局、夢をかなえたかったら、日々の鍛練の積み重ねしかないのだ。多くの人々が「大谷選手は類稀なる野球の才能があったから、超一流のメジャーリーガーに上り詰めることができた」と考えている。それは半分正しいが、半分間違っている。

もちろん、大谷選手に野球の才能がなければ、メジャーリーガーはおろか、プロ野球選手にもなることはできなかった。しかし、天賦《てんぷ》の才能だけで、その道の頂点に上り詰められるほど、この世の中は甘くない。このことについて、大谷選手はこうも語っている。

「不可能だと思われていればいるほど、それを成功させたら自分に返ってくる達成感は大きくなります。僕はそれで『やってやろう』というチャレンジ精神が出てくるタイプです」

ここにひとつのデータがある。ニュージーランドのオークランド大学の心理学者、ＡＫボッキャーノ博士は小学生１３７名の成績について、追跡調査した。その結果**「失敗を繰り返しても、行動を止めなかった子どもほど成績が良かった」**という事実が判明した。

大谷選手にしても、２度にわたるトミー・ジョン手術をはじめ、深刻な挫折を何度も味わってきたから、現在の彼があるのだ。自らが味わった挫折の数を誇れるようになって、人間は一人前なのである。

（スランプは）心地のいいものでは
ないですけどね。
ただ、そういう時期も
あるのかなとも思うので。
ただ、偶然そうなっている
わけではなくて、
技術でそうなっている
だけなので、
そこは改善していくしかない
のかなと思います。

（『大谷翔平語録』　宝島社）

うまくいかないことから、逃げないで解決しよう

もちろん、大谷選手にも深刻なスランプが訪れる。巷には、「良くないことは潔く忘れろ」という教えが浸透しているが、それでは到底、成長なんかしていけない。

そんなときに大谷選手は、まったく逆の方法を選択する。その問題点をピックアップして、徹底的にトライ・アンド・エラーを練習や本番で試していくのである。

このことに関して、スコットランドのグラスゴー・カレドニアン大学の心理学者、エレイン・ダンカン博士は、**「不安な気持ちを抱く人ほど日記をつける習慣がある」**ことを突き止めた。

しかも、日記をつけている人の66％は、古い日記も捨てずに持っており、そのうちの89％は、時々その日記を読み返す習慣を身につけていた。

その時々で、考えていることを自らの手で記入することは大事だが、それを時々読み返すことは、ひょっとしたら、もっと大事なことかもしれない。

大谷選手が、ファイターズ時代から練習メモを記しているのは有名な話であるが、そこには、数多くの解決すべき課題が記されているはずだ。

うまくいかないことから逃げないで、それを解決する行動のヒントを探ることは、自分を進化させるための大きな要因である。

良かったときより、悪かった試合のほうが心に残るんです。

（『不可能を可能にする 大谷翔平120の思考』 ぴあ）

本文中の大谷選手の言葉（日本スポーツ振興センター アスリート育成パスウェイ）

過去の失敗や挫折をバネにして飛躍しよう

本書の別項でも少し触れているが、大谷選手のような一流の人間は、スランプや逆境になればなるほど、モチベーションを高めて努力をし続けることができる。多くの人が「逆境は成果を上げるための敵である」と考えている。しかし、事実はそうではない。

過去の失敗や挫折への対処法が、それ以降のその人間の運命を変えるのだ。本書の別項でも少し触れているが、**失敗や挫折の中に飛躍のヒントが潜んでいる。**だからガッカリなんかしている暇はない。

今、「オーバーラーニング」（過学習）というシステムが注目されている。これは、「ある課題をクリアしても、さらに学習を積み重ねること」を言う。間違いなく、大谷選手はオーバーラーニングを積み重ねることができる人間である。

このことに関して、米コロラド州にあるノース・コロラド大学のジーン・オムロット博士は、50個の難しいスペルの英単語を学習させる実験を行った。

「5回連続して書けたら終了」という普通の学習グループと、「5回連続して書けても、さらに練習をする」とした「オーバーラーニングのグループ」を比較したら、その直後と3週間後のテスト両方で、後者のほうが得点が高かった。この結果でもわかるように、大谷選手のように、良くないことをバネに飛躍する人間が、凄い成果を上げることができる。

去年(2018年)よりも数字は下がっていますけど、それが成長につながっていないということではなくて、むしろ良くなっていると思っているんです。自分のレベルが上がれば、見つけることも多くなりますから。

(『野球翔年Ⅱ MLB編2018-2024 大谷翔平ロングインタビュー』文藝春秋)

あなたが進化するのは、「順風満帆のとき ではなく逆境のとき」である

大谷選手は、「結果」には驚くほど無頓着である。つまり、彼は、**「結果が出たからといって、調子がいいわけではないし、結果が悪いからといって調子が悪いわけではない」**と考えているはずだ。

残念ながら、多くの人たちが、ちょっと結果が芳《かんば》しくなかっただけで、「自分には才能がない」という、間違った判断をして落ち込んでしまう。しかし、大抵それは、単なる思い込みでしかない。

大多数の人間は、良いことが起こったら、モチベーションが高まり意欲的になれるが、良くないことが起きると、途端にモチベーションを落として、行動することを躊躇《ちゅうちょ》してしまう。これでは、到底夢を実現することなど不可能である。

一方、大谷選手のような一流の人間は、良いことが起ころうが、良くないことが起ころうが、常に高いレベルのモチベーションを維持して、淡々と自分が決めた行動を持続させることができる。

もっと言えば、良くないことが起こったときほど、「なぜうまくいかなかったか？」について、その問題を冷静に考え、困難に立ち向かうチャレンジ精神を剥《む》き出しにして、次の新たな行動を起こすのだ。あなたが進化するのは、**「順風満帆のときではなく、逆境のとき」**なのである。

できないことに
向かっていくのは楽しいし、
今年もいろいろ
見つかりました。
オフにそれを一個一個つぶして、
来年、どのくらいできるのかな
ということの繰り返しで
野球が終わっていく
ものなのかなと思っています。

（『野球翔年Ⅱ　MLB編2018-2024　大谷翔平ロングインタビュー』　文藝春秋）

達成すれば、最高の快感に酔いしれることに向かい、ひたすら邁進しよう

大谷選手のような一流の人間は、うまくいったことには見向きもしない。しかし、うまくいかないことには、モチベーションを上げて果敢に行動を起こす。

私たちと異なるこの思考パターンの違いが、大谷選手を超一流のメジャーリーガーに仕立て、２０２４年シーズンに、ドジャースを世界一に導いたのだ。

一方、並の人間は、ちょっとうまくいっただけでぬか喜びし、うまくいかないと途端に落ち込んでしまう。その落差が激しい。つまり、両者のマインドセットの違いが、彼らの運命を隔てている。

大谷選手を本気にさせているのは、ピンチを克服したことによる「達成感」という喜びを手に入れることである。つまり、私たちが進化していくために、「達成感」は必要不可欠な要素なのである。

順風満帆のときには、「達成感」という言葉は似つかわしくない。**「達成感」という言葉は、ピンチに陥ってそれを克服したときにのみ味わえるものである。**

大谷選手のような一流の人間は、できないことをひとつずつ丁寧に克服し、それができた瞬間の「達成感」を味わうことに貪欲である。達成すれば、最高の快感に酔いしれることができる。課題に向かって、ひたすら邁進する人間だけがこの世界で生き残っていける。

第7章

あなたの仕事に凄い成果を授けてくれる成功法則

シーズン中は、僕はあまり遠い将来のことは考えていません。今はただ、シーズンに集中して目の前の試合に勝つことだけを考えています。

（『SHO-TIME2.0 大谷翔平 世界一への挑戦』 徳間書店）

本文中のスティーブ・チャンドラー氏の言葉（『自分を変える89の方法』 ディスカヴァー・トゥエンティワン）

朝、目が覚めたとき、「今日1日を自分の最高傑作にしてみせる!」と叫ぼう

人生とは、「今日」のことを指す。終わってしまった日でも、この先に待っている時間でもない。

あなたはこの先、自分の人生の時間が、無限に存在するような錯覚に陥ってはいないだろうか。

私は、スティーブ・チャンドラー氏の以下の言葉が大好きである。

「今日という日は、あなたの一生を凝縮した小宇宙だ。今日1日の中に、あなたの全人生が詰まっている。人は朝、目覚めると同時に誕生し、そして夜、眠りに落ちるときに死ぬ。1日とは本来そういうものだ。人は1日で全人生を生きることができる」

大谷選手は、「目の前の試合に没頭して勝利を獲得することこそ、自分の人生のすべて」と考えているはずだ。昨日は過ぎてしまったものとして、潔く忘れよう。そして明日のことは明日、考えればいい。結局、目の前の1日をどう生きるかが大切なのだ。

朝、目が覚めたとき、**「今日1日を自分の最高傑作にしてみせる!」**と大きく叫んで、ベッドから飛び起きよう。そして、あらかじめ自分で決めたその日の行動を、最高のものにするために全力を尽くそう。

日々、そういう覚悟で生きることにより、あなたは大谷選手のように、凄いパフォーマンスを発揮できるようになる。

全部（技術を）知るのは無理だけど、ちょっとでも（完成形に）近付きたい。時間はみんな平等だけど、時間は足りない。

（『大谷翔平を追いかけて　番記者10年魂のノート』　ワニブックス）

最重要の作業を真っ先に片付けよう

あなたの人生において、今日は一番若い日である。午前0時になった瞬間、すべての人に、その日の24時間が与えられる。時間が止まることは決してない。こうしているうちにも、時間は着実に過ぎていく。

大谷選手は、誰にでも平等に与えられた時間の中で、最重要の作業にたっぷりと時間をかけることができたから、大きな夢をかなえることができたのだ。

夢をかなえたかったら、与えられた時間をいかに効率良く使うかが問われる。あなたは著名な経営コンサルタント、スティーブン・コヴィの「バケツに石を入れるとき、まず大きな石から入れなければならない。その答えは？」という質問に、答えることができるだろうか？

多くの人が、その答えを「大きな石を先に入れると、バケツにたくさんの石が入る」と答える。しかし、本当の答えはそうではない。**「小さな石を先に入れてしまうと、肝心の大きな石が入らない」**が正しい答えである。もちろん、これは比喩《ひゆ》で、「バケツは1日」を表しており、「石はその日やるべきこと」を意味している。

朝起きたら、その日やるべきことをリストアップして、優先度の高いものから手をつけよう。大谷選手のように、最重要のテーマにたっぷり時間をかける。この当たり前のことを実行している人間は、それほど多くない。

どれくらい試合に出られるか、
どれくらい打席に立てるか、
どれくらい登板できるか、
というのが一番かなと思います。
（中略）一番はシーズンを通して
出続けること。

（『大谷翔平語録』　宝島社）

本文中のジョシュア・ハルバースタム博士の言葉（『仕事と幸福、そして、人生について』　ディスカヴァー・トゥエンティワン）

目の前の仕事があることに感謝して、その仕事を通して自分磨きをしよう

この項の言葉は、はじめて二刀流のプレーヤーとして、素晴らしい成績を残した2021年シーズンを終えて語ったときのものである。

多くの人々が、仕事を通して「お金」や「肩書き」を追い求める。そして、そのために素晴らしいパフォーマンスを発揮できるように、全力を尽くす。

しかし、大谷選手の脳内の回路はちょっと違う。彼にとっての最大の報酬は、そんな「お金」や「肩書き」ではなく、ゲームに出て、フィールド上でボールを打ったり、投げたりする行為そのものである。

ジョシュア・ハルバースタム博士は、**「仕事のもっとも豊かな報酬は、目の前に、つまり仕事をするという行為そのものの中にある」**と語っている。つまり、あなたが仕事をする行為にのめり込むことができたら、その時点であなたは十分幸せなのである。

目の前の仕事があることに感謝して、その仕事を通して自分磨きをする。このことをあなたは片時も忘れてはならない。

「仕事に見合った報酬が獲得できていない」とか、「こんなに会社に貢献しているのに昇進できない」といった、自分の外側だけに過剰反応するだけでは、幸せな人生は歩めない。あなたの内側にこそ、幸福になれるヒントが潜んでいる。

正解はないと思うんですけど、
人は正解を探しに行くんですよね。
正解が欲しいのは、
みんなも同じで。
「これさえやっておけばいい」
というのがあれば
楽なんでしょうけど、
多分それは「ない」と思うので。

（『道ひらく、海わたる　大谷翔平の素顔』　扶桑社）

仕事の中の正解を探しに行く、探究心を心の中に育てよう

なぜ、大谷選手は、どんなときでも楽しそうに野球に取り組めるのか？　多くの人々からは、「それは、野球が仕事と違って楽しいものだから」という答えが返ってくる。しかし、本当にそうだろうか？

趣味としてやる野球はもちろん楽しいし、野球をやっている瞬間は、幸福感を感じられるだろう。しかし、仕事としてやる野球はそうはいかない。

私たちは、大谷選手のような一流メジャーリーガーの華やかな舞台での活躍だけを目にしているが、実は、メジャーリーガーという仕事は、以下のような厳しい側面を有している。

- ファンを感動させるようなパフォーマンスを発揮しないと、すぐにマイナーに落とされる。
- 朝から晩まで、野球漬けの生活を余儀なくされる。
- 日々、飛行機で移動することを強いられる。
- 期限付きの契約のため、将来への不安が半端ではない。

趣味が仕事に変わったとき、その作業は大抵楽しいものから楽しくないものに変容する。だから、大谷選手のように、仕事の中の正解を探しに行く探究心を、心の中に育てることに努めよう。そうすれば、どんな仕事も面白くなる。

プロに入ってからは、
時間がないな、
ということ
しかないんです。
やりたいことに対しての
時間が圧倒的に
少ないなって。

（『野球翔年Ⅱ MLB編2018-2024 大谷翔平ロングインタビュー』 文藝春秋）
本文中のジェイク・ナップとジョン・ゼラツキーの言葉（『時間術大全』 ダイヤモンド社）

「その日、最重要の仕事をやり遂げる」という覚悟を持とう

あなたにとって、もっとも貴重なのは、お金でも名誉でもない。それは、時間である。努力などによって、お金は増やすことはできるが、1日の時間を増やすことは、大谷選手でもできない。こうしているときでも、この地球にいるあなたの人生の時間は、着実に減っているのだ。

いかに効率良く時間を使うか。それが夢をかなえるための生命線である。私は、ジェイク・ナップとジョン・ゼラツキーの以下の言葉が大好きである。

「毎日、その日のハイライト（最優先事項）を決めよう。（中略）『今日のハイライトを何にしよう』と考えることで、自分の大事なことに時間を使えるようになり、他人の優先事項に反応して、丸1日を無駄にしたりせずに済む。ハイライトを選ぶことで、前向きで積極的な気持ちになれるのだ」

米ジョンズ・ホプキンス大学の心理学教室が行った実験では、「人は緊急度が低いが、重要度の高いタスクよりも、緊急度が高いが、簡単にできるタスクを優先しやすい」と結論付けている。

理屈抜きに、何としても「その日、最重要の仕事をやり遂げる」という覚悟を持って1日をスタートさせ、それを着実にやり遂げることこそ、大谷選手のような一流の人間たちの共通点なのである。

技術的な部分では、
ピッチングもあれば
バッティングもあるので、
その2つをやらないと
いけないですけど、
単純に練習量が増える
というわけではないんです。
みなさんが考えている以上に
効率良く練習していました。

（『道ひらく、海わたる　大谷翔平の素顔』　扶桑社）

「時間」こそ、私たちに与えられた最大の資源

「時間」は、「人生」そのものである。もっと言えば、人生は目の前の一瞬にしか存在しない。

過去は過ぎ去ったもの。もはや、取り戻すことはできない。そして、未来はまだ来ていないもの。確かに、計画を立てることは大切だが、そのことにあまり時間をとられてはいけない。

時間とは「今日」のことであり、この先で待機している「時間」のことではないのだ。

目の前の時間にのめり込んで、成果を上げることに全力を尽くすことこそ、大谷選手のような一流の人間の共通点なのである。だから、「1日単位で完全燃焼」というメッセージを、私たちは片時も忘れてはならない。

スマホに関する最新データの中のひとつで、私たちがSNSに向き合っている平均時間が算出されている。これによると、20代が3・27時間、30代が2・13時間、40代が1・41時間であることが判明している。

あなたにとって、大谷選手の「バッティング技術の向上」「ピッチング技術の向上」にあたるテーマは何だろう？

スマホとにらめっこしている時間の3分の1でいいから、そのことについて考える習慣を身につければ、あなたも大谷選手のように、一流の人間の仲間入りができる可能性が高くなる。

今のままのシフトを
敷かれた中で
打率だけを求めるなら、
セーフティバントをすればいいし、
守っていないところを
狙って打てばいい。
でも、それじゃや、
面白くないでしょう。

(『野球翔年Ⅱ MLB編2018-2024 大谷翔平ロングインタビュー』文藝春秋)

「メタ認知能力」の高い人間だけが、これからの時代に残っていける

　この項の言葉からは、大谷選手の計り知れないメタ認知能力の高さが伺《うかが》える。「メタ認知能力」とは、「自分の思考や行動を俯瞰《ふかん》できる能力」のこと。行動を起こす前に、大谷選手はなぜそうできるのか？　それは、この方法がベストか、について深く思索する習慣が身についているからだ。

　つまり、大谷選手のような、この能力の高い選手は、自分の成績を高める欲だけに留まらない。**スタジアムに高い入場料を払って足を運んでくれたドジャースファンに、感動を与えるプレーをしたい**、という原点に立ち返り、自分のプレーを決断することができるのだ。

　一方、メタ認知能力の低い選手は、プレーが場当たり的で、自分の感情に従ったプレーに終始する。もちろん、自分を俯瞰していないので、周囲の人たちのことを考えずに一方的な言動をとってしまう。思い込みが激しいのも、このタイプの選手の特徴である。当然のことながら、このタイプの選手は達成感が得られないため、自己肯定感や成長意欲も生まれてこない。

　普段から、自分を俯瞰するカメラを意識して行動しよう。自らの行動を広い視野で客観視するだけで、見える景色が変わって、周囲の人間を感動させるパフォーマンスを発揮できるようになる。

基本的には
何も考えずに
打てるようにする
というのがベストだと
思っているので、
それを今年は
ずっと練習してきました。

2019年のシーズンを終えてシーズンを振り返って語った言葉(『野球翔年Ⅱ MLB編2018-2024 大谷翔平ロングインタビュー』 文藝春秋)

「シンプルイズベスト」こそ、最強の成功の方程式

この世の中は、多種多様のデータで満ち溢れている。あるいは、「データをできるだけ多く頭の中に叩き込むことにより、私たちは進化できる」という神話が、いまだにまかり通っている。しかし、少なくとも大谷選手の場合、それは通用しない。

「過去のデータを潔く排除して、頭を空っぽにしてピッチャーと対峙することにより、自分のベストを引き出せる」という信念が、大谷選手を支えているのだ。

例えば、大谷選手にしても、対戦した相手チームのピッチャーの過去データや傾向を入力すると、それに縛られるため、そのピッチャーが意外性のあるボールを投げたとき、対応できない。このことで思い出すのは、伝説のフットボールコーチ、ヴィンス・ロンバルディが語った言葉である。

「頭が混乱したらシンプルになれない。だからシンプルにプレーする」

彼は、自ら率いたグリーンベイ・パッカーズを2度のスーパーボウル制覇に導いている。当時パッカーズは、飛び切りの攻撃的なチームとして知られていた。しかし、そのプレースタイルは、とてもシンプルだった。

大谷選手のように、巷に溢れている膨大なデータと訣別《けつべつ》して、頭を空っぽにして本番に臨むことにより、あなたも凄いパフォーマンスを発揮できるようになる。

いろんなシチュエーションを
経験できている。
そういう場数を踏むか
どうかっていうのは
大事なことであるので、
そこがメンタル面で
助けてくれるっていう
ところはあるかなと思います。

（『大谷翔平語録』 宝島社）

才能だけで頂点に上り詰めるほど、この世の中は甘くない

パフォーマンス心理学の論点から考えて、「数多くの場数を踏むこと」は、限られた時間しか与えられていない人生を成功に導く王道である。

大谷選手にとって究極の目的は、「ホームランや最多勝のタイトルを獲得する」ことではなく、「できるだけ多くのゲームに出場して場数を踏むこと」なのである。

私たちが誤解をしていることが、ひとつある。それは、「成功した人たちは、その分野の才能があったから成功できた」という神話である。

本書の別項でも少し触れているが、**この世の中、才能だけで頂点に上り詰めることはできない。私たちは生きている間に複数の分野で一流の域に到達することなど、まったく不可能なのである。**

大谷選手がこれまで日本のプロ野球で5年、メジャーリーグで7年、ゲームに出続けたから、今シーズンの彼の成功がある。

大谷選手の大活躍だけが繰り返して報道されるが、その前に、彼が私たちの知らないところで、本番であるゲームの何千倍バットを振ったり、何万球もボールを投げたりしてきた事実を私たちは知らない。

結局は、日々の絶え間ない鍛錬を積み重ねた者だけに、神は凄いパフォーマンスをプレゼントしてくれるのだ。

できることは、
フィールド上で
持っているものを
すべて出し切り、
そうすることで、
見ている人たちに
力を与え、楽しんで
もらうことですね。

（『SHO-TIME2.0 大谷翔平 世界一への挑戦』 徳間書店）

周囲の人たちを感動させよう

プロの仕事には、必ず「報酬者」という人たちがいる。つまり、彼らがいるからこそ、その仕事を通して、当事者にお金が入ってくるのだ。なかには、大谷選手の報酬は、所属チームのドジャースや、コマーシャル契約をしている会社が支払っていると反論する人もいるが、明らかにそれは間違っている。

大谷選手に報酬を支払うのは、もちろん組織ではあるが、そのお金は、チームや会社の後ろ側にいるファンや、商品の購入者が間接的に支払っているのだ。

たとえ自分が担当している仕事の内容が面白くなくても、「この仕事はなぜ存在しているのか？」という問いを自分に投げかければ、そこには必ず報酬者の存在があることに、あなたは気付くはず。

もちろん、大谷選手が莫大な報酬を稼ぐために、ホームランを打とうとしているのではないことは明らかだ。

なぜなら「お金はムチと同じで、人を働かせることならできるが、進んで働きたいと思わせることはできない」からだ。

大谷選手のような一流の人間を本気にさせる要因は、「自分のファンに感動を与える」ことであり、「周囲の人たちの常識を覆《くつがえ》す」ことである。自分の仕事の報酬者を強く意識しながら、彼らを感動させることを最優先して、目の前の作業に没頭する。これはとても大切なことである。

いろんな国の出身の選手たちとプレーするのは、自分自身にとっても参考になる部分が多くあるので、本当にレベルの高いところで日々学んでいくと感じかなと思います。

レベルの高いメジャーリーグでプレーしていることについて語った言葉（『NHK NEWS』2024・10・21）

環境が未来を左右する大きな要因になる

なぜ、大谷選手は小さい頃から「日本のプロ野球の選手ではなく、メジャーリーガーになりたい」と考えていたのだろう？　それは、「世界最高の環境が、自分の才能を引き出してくれるという信念があった」から、と私は考えている。

つまり、少年時代の大谷選手は、**「環境がその人間の潜在能力を最大限に引き出してくれる」**という事実を知っていたのだ。同じ努力をするなら、レベルの高い環境の中で行うことを忘れてはいけない。

あなたは「朱に交われば赤くなる」という格言を知っているだろう。つまり、自分でも知らないうちに、一緒にいる人たちの行動パターンや思考習慣に影響され、それらが身につくのだ。

このことに関して、カリフォルニア州立大学のトーマス・サイ博士は、**「心理は感染する」という事実を突き止めた。明るい人と一緒にいると楽天的になり、落ち込んでいる人と一緒にいると、自分も塞《ふさ》ぎ込んでしまう。**

これは、才能にも当てはまる。弱いチームよりも、強いチームの中で鍛練するほうが、明らかに上達速度は高まるのだ。つまり、「才能も感染する」のだ。

環境があなたの潜在能力に大きな影響を与えて、未来を左右する大きな要因になるという事実は、覚えておいていい「成功法則」である。

ストライクを打って、
ボール球を
振らないこと（笑）。
シンプルですけど、
それが一番難しい。

（『野球翔年Ⅱ MLB編2018-2024 大谷翔平ロングインタビュー』 文藝春秋）※本文中の大谷選手の言葉も含む

自分が目指す目的を明確にして、それに向かって具体的な行動を起こそう

大谷選手の発想は、この項の言葉に象徴される当たり前のことを軸に、次々に生まれてくる。これに続けて、大谷選手はこう語っている。

「ボール球を振らずにストライクを打てれば、打率も上がるし、出塁率も上がるし、ストライクの中に甘い球があれば、長打率も良くなる。逆にストライクを見逃してボール球を振れば、打率はもっと下がる」

この誰でも知っているはずの当たり前のことから、大谷選手の脳裏には具体的な方法が湯水のように湧き出して、それが練習メニューをこなすという行為につながっている。

自分が目指す目的を明確にして、それを実現するための具体的な行動を起こす。この当たり前のことを実行している人間は、それほど多くない。

フランスが生んだ偉大な心理学者、エミール・クーエは**「しなければならないことがあるなら、それは簡単なことだと考えよう。そうすれば実際に簡単になる」**と語っている。

原点に戻り、自分が目指す仕事の目的を再認識しよう。その上で、成果を上げるために、具体的なアイデアをたくさんリストアップすることに努める。

そのアイデアを形にする行動を果敢に起こせば、黙っていても、私たちは仕事の達人に上り詰めることができる。

第8章

斬新なひらめきは
リラックスした
状態と
とても相性がいい

常にきっかけを求めて
練習している
というのはあります。
ひらめきというか、
こういうふうに投げてみよう、
こうやって打ってみよう
というものが
突然出てきますからね。

『大谷翔平 野球翔年Ⅰ 日本編2013-2018』（文藝春秋）※本文中の大谷選手の言葉も含む

最大のテーマを頭の中に叩き込んで、ベストを尽くそう

この項の言葉に続けて、大谷選手はこう語っている。

「やってみて何も感じなかったらそれでいいし、継続した先に、もっといいひらめきが出てくることもあります。常にそういうひらめきを追い求めてるんです。自分は変わるときは一瞬で上達しますし、そういうきっかけを大事に考えて練習してますね」

ただ漫然《まんぜん》とバットを振ったり、ボールを投げても、うまくなる保証はない。ひらめきを求めるために行動を起こすことで、私たちは貴重なひらめきを獲得できるのだ。もっと言えば、この習熟した情報化社会で、いくら頭の中で思索を積み重ねても、実際にやってみないことには、わからないことだらけなのだ。

バットを振ったり、ボールを投げてみないことには、ひらめきは生まれてこないことを大谷選手は知っている。あなたの仕事においても、実際にやってみないことには、わからないことだらけなのである。

大谷選手が自分にとって、一番大切な人生の時間という貴重な資源を、「バッティング」と「ピッチング」という2つのテーマに注いでいるように、あなたも最重要のテーマを頭の中に叩き込もう。そして、そのテーマに自らの時間をたっぷりと注ぎ込み、日々精進を積み重ねれば、誰も真似のできない武器を、あなたも手に入れることができるようになる。

考えないで決める直感と、
本当に考え抜いて
最後に決める直感とは
似て非なるものだと思っています。
常に考え続けるというのは、
しっかり情報を増やして、
それが正しいのか、
正しくないのかという判断を
自分の中で
常にし続けることです。

(『野球翔年Ⅱ MLB編2018-2024 大谷翔平ロングインタビュー』文藝春秋)※本文中の大谷選手の言葉も含む

「上手な鉄砲を数多く撃つ」ことこそ、ひらめきを獲得する具体策

直感は2種類に分類できる。そのことを大谷選手はよくわかっている。大谷選手が言う「考えないで決める直感」は、英語では「インスピレーション」と訳される。

一方、「考えに考え抜いた末に決める直感」のことを、英語では「インテュイション」と読んでいる。

大切なのは、後者のほうであることは言うまでもない。前者は「ヤマ勘」と表現されるもので、大抵は当てにならない。

一方、思索に思索を積み重ねて辿り着く直感は、「直観」と表現されることもあり、仕事に使える可能性が高いものだ。

この項の言葉に続けて、大谷選手はこう語っている。

「そうしていれば、大きな決断を迫られたとき、右か左か、どちらがいいのかということを、日々、スモールサンプルがいっぱいある中で、決め続けてきた直感の積み重ねのようなものが、最後、『右だ』と、一歩踏み出すための後押しをしてくれるんじゃないかなと思っています」

「下手な鉄砲も数撃ちゃ当たる」という格言は、ひらめきにも適用できる。しかし、「上手な鉄砲を数多く撃つ」ことが、人生という時間を効率良く活用する手立てであり、仕事に使える貴重なひらめきを獲得する有効な方法なのである。

イメージの中では
うまくなっています。
実戦での答え合わせは
できませんけど、
練習の中での
答え合わせはできますし、
こういう感覚で
良くなかったこと、
良かったことが
毎日、出てくるんです。

（『野球翔年Ⅱ　MLB編2018-2024　大谷翔平ロングインタビュー』　文藝春秋）※本文中（上段）の大谷選手の言葉も含む
本文中（下段）の大谷選手の言葉（雑誌『Number』1002号2020・5・21　文藝春秋）

小さなひらめきを逃さないために、気付いたことをスマホに書き記そう

この項の言葉に続けて、大谷選手はこう語っている。

「今日もありましたよ。それを明日、どうやってみようかなっていうのが何個か出てきて、それを次の日に試して、という繰り返しです。そうやって、ちょっとずつ伸びてくるんじゃないかと思います」

「ひらめき」というのは、何も大発見につながるものだけではない。それは、ほんの一握りに過ぎない。真のひらめきとは、日々の行動習慣の中で発生する、小さな改善や些細な工夫のことを指すのだ。

私が考える大谷流のひらめきを量産させる秘訣は、「描いたイメージと実際の行為の答え合わせの繰り返し」のことを言う。だから、彼はこの単純作業を延々と繰り返すことができるのだ。このことについて、大谷選手はこうも語っている。

「いくつかあるパターンの中で、これがいいのか、あれがいいのかを1日に1つだけ、試していく。一気に2つはやりません。で、これは良かった、こっちはどうだったと、毎回、試していく感じです。それを毎日、iPadに書き留めています」

仕事の中で、ひらめきを逃さないために、気付いたことをスマホやメモ用紙に書き記そう。これが見事に習慣化されたとき、あなたも一流の人間の仲間入りができるようになる。

毎日、積み重ねてきた経験が
あってこその直感だと
いうところが大事ですし、
決めるとなった事柄について
深く考えた末の直感で
あることも大事です。
どちらも意味の
あることだと思っています。

（『野球翔年Ⅱ　MLB編2018-2024 大谷翔平ロングインタビュー』 文藝春秋）
本文中の羽生善治棋士の言葉（『直感力』 PHP新書）

リラックスした状態でこそ、貴重な直感は生まれてくる

直感は、何もないところから突然湧き上がるものではない。大谷選手は、解決すべきテーマを頭の中に叩き込んで、「あーでもない、こうでもない」と思案を積み重ねたから、貴重な野球のひらめきを獲得したのだ。このことについて、将棋界のレジェンド、羽生善治棋士はこう語っている。

「直感はほんの一瞬、一秒にも満たないような短い時間の中での取捨選択だとしても、なぜそれを選んでいるか、きちんと説明することができるものだ。適当、やみくもに選んだものではなく、やはり自分自身が今まで築いてきたものの中から生まれてくるものだ」

もうひとつ、貴重な直感を獲得するコツがある。それは、リラックスした状態でこそ、直感は生まれてくるというものだ。思索に思索を積み重ねた末、緊張状態から解き放たれたリラックスした瞬間、突然、貴重なひらめきが生まれてくるのだ。

大谷選手にしても、特定のテーマを頭の中に叩き込んでバットを振ったり、ボールを投げているときには、ひらめきは生まれてこないはずだ。練習した後しばらくして、リラックスした瞬間、それが形となって脳から出力されるのだ。

テーマを定めて考え抜いた後、意識的にリラックスする時間を確保しよう。それこそがひらめきを獲得する大きな武器となる。

僕の中ではドジャースが変わったというより、僕のほうのフィーリングが2017年はエンゼルスと合った。今回はドジャースと合った、という感じです。

エンゼルスからドジャースに移籍した決断について語った言葉（『大谷翔平を追いかけて　番記者10年魂のノート』ワニブックス）
本文中の大谷選手の言葉（『大谷翔平　野球翔年Ⅰ　日本編2013-2018』文藝春秋）

直感に従った第1感は信頼できる

これまで、人生の大事な別れ道で、大谷選手は外部の雑音はもちろん、両親も含めた周囲の親しい人たちの考えもすべてシャットアウトして、自分の信念に従って決定してきた。もちろん、エンゼルスからドジャースへの移籍も、自らの信念に従って決定したことは論を俟たない。このことについて、大谷選手はこうも語っている。

「僕がどういう選手になるのかは、自分で決めることだと思います」

この言葉からも、大谷選手は自分の人生の大事なことは、自らの信念に従って決定してきたことが理解できる。理屈抜きに決断は論理ではなく、直感に従おう。

直感に関して、「ファーストチェス理論」と呼ばれている法則がある。プロのチェスプレーヤーに、チェスの盤面を見ながら、制限時間5秒で次の手を決定してもらう。その後30分かけてじっくり考えてもらい、それから改めて次の手を決定してもらう。その結果、最初の手と30分長考した後の手とは、86%も一致したのだ。

この事実から「直感に従った第1感は信頼できる」ことが判明した。ただし、この実験は、プロのチェスプレーヤーを対象にしたもの。「素人の第1感はアテにならない」ことは言うまでもない。大谷選手のように、何事も自分の直感に従って決断する人間だけが、納得する人生を歩むことができる。

僕を探さないでください。

（『不可能を可能にする 大谷翔平１２０の思考』 ぴあ）※本文中の大谷選手の言葉も含む

ときには独りきりになって、思索に耽る時間を確保しよう

この項の言葉は、日本ハムが優勝した2016年シーズン後、ハワイへの優勝旅行の際に同行した報道陣に対して、冗談交じりに語った言葉である。

事実、他の選手が観光をしているときにも、大谷選手はこっそり1人でトレーニングに励んだという話は、スポーツ記者の間でも、語り草になっている。

このことについて、大谷選手はこうも語っている。

「練習を誰かと一緒にやるのは嫌です。トレーニングを見られるのも嫌です」

なぜ、独りきりの練習を大谷選手は好むのか？　それは、徹底してオリジナリティを追求するためには、周囲の雑音に惑わされたくないからだ。つまり、創造性を発揮するには、どんな喧騒《けんそう》も敵なのだ。

当然、大谷選手のような一流の人間の周りには、常に人が群がる。それが当たり前だとしても、静かな独りきりの環境の元で、黙々と練習に励むことが、独創的なアイデアを生み出すという事実を、大谷選手は過去のキャリアを通して知っているのだ。

大谷選手のように、仕事や勉強でのひらめきを獲得したかったら、独りきりになって思索に耽《ふけ》る時間をたっぷり確保しよう。

それが、あなたの飛躍につながるというのは、知っておいていい事実である。

オフに取り組んできたものが
試合で出来たときは
もちろん嬉しいですけど、
練習のときでも
「うまくなる瞬間」を感じとる
ときがあります。
そういうときは
嬉しいですね。

(『道ひらく、海わたる　大谷翔平の素顔』　扶桑社)

進化は目の見えないところで起こっている

アスリートやビジネスパーソンの多くが、「努力の量に比例して成果が上がる」と考えている。しかし、事実はそうではない。たとえ成果が表に出てこなくても、粘り強く努力を積み重ねれば、ある日、突然飛躍することも珍しくないのだ。

それは言い換えれば、いくら努力を積み重ねても、目に見える成果として表れてこないことのほうが多い、ということだ。では、その地道に努力を積み重ねた期間では、何も変わらなかったのだろうか？　答えは「ノー」である。

私たちの進歩は、大抵は目に見えないところで起こっている。それが熟成されて、突然それは、目に見える進歩となって形になって表れるのだ。

しかし、残念ながら、並の人間は、ちょっと努力を積み重ねて成果が出なかっただけでも、簡単に努力することを止めてしまう。それは、目に見えているものだけを意識しているからである。

一方、大谷選手のような一流の人間は、突然飛躍する瞬間を味わえるという快感に、異常なほどの執着を示す。だから、なかなか成果が表に出てこない努力でも、粘り強く持続できるのだ。

大谷選手のように、なかなか成果の上がらない努力でも、コツコツと地道に行動し続けられる人間だけが、宝の山に到達できる。

（大事なのは）睡眠ですね。（中略）できるだけその日に凄い死ぬ気で頑張ったトレーニング（の成果）が返ってくる割合をなるべく100％にしたいなって感じですね。

「競技以外の部分で大事にしている時間はありますか？」という質問に答えて（日本スポーツ振興センター アスリート育成パスウェイ）

睡眠の達人の仲間入りをしよう

大谷選手にとって、ひょっとしたら「睡眠は練習よりも大切なもの」かもしれない。最新の睡眠研究によれば、頭脳労働者やアスリートは、活動中に脳のエネルギーを多量に消費するため、睡眠量を多くとることが求められるという。

例えば、偉大な物理学者アルベルト・アインシュタインは、最低でも10時間以上の睡眠をとっていた長時間睡眠の持ち主だという。

ハンド・アイ・コーディネーション（手と目の協調機能）は、睡眠が足りないと、極端に落ちるという実験結果がある。あるいは、ちょっとした眠気が存在しても、選択的反応時間は、急激に落ちるという実験結果もある。

つまり、大谷選手にとって、高速で飛んでくるボールに、バットを正しくコンタクトするには、十分な睡眠量を確保する必要があるのだ。

そして、大谷選手のこの項の言葉にもあるように、睡眠によって、脳はその日に獲得したデータを、見事に整理してくれる効果もあることが証明されている。

あなたにとって、活動中に心身とも快適で、仕事がはかどった日の前日の睡眠パターンをチェックしてみよう。それこそ、それがあなたにとっての最適な睡眠パターンである可能性が高いのだ。

睡眠の達人になることこそ、良質の仕事をするための必須要素である。

一番はやっぱり睡眠だと思うので、睡眠時間をしっかり確保することがいいリカバリーにつながりますし、いい切り替わりができれば、いいパフォーマンスにつながっているので。

《『大谷翔平語録』 宝島社》※本文中の大谷選手の言葉も含む

あなたにとって、最高の睡眠時間を知って実践しよう

現代社会において、1日を完全燃焼させて成果を上げるには、「睡眠」は最重要の要因のひとつである。シーズンオフの睡眠について、大谷選手はこうも語っている。

「基本的にシーズンよりは朝は早いので、夜は23時とかそのくらいに寝ますけど。（リハビリを終えて宿泊先に）帰ってすぐ寝て、18時くらいまで寝てるときもあります。まばらですけど、けっこう寝ると思います。2回、寝ていますね」

もしも、あなたの睡眠時間が6時間を切っていたら、昼間の脳の状態は好ましいものではなく、それが「注意力低下」や「集中力低下」を引き起こして、仕事のパフォーマンスに悪影響を与えている可能性が高い。

ある研究によると、**「睡眠時間6時間が5日続くと、48時間の徹夜と同じレベルの認知機能に陥る」**ということが報告されている。

理想的な睡眠時間について、さまざまな説があるが、アメリカの100万人以上を対象としたデータでは、睡眠時間7時間台の人が、一番長生きであることが判明している。それだけでなく、糖尿病、うつ病、高血圧などの有病率に関連する多くの疫学調査で、7～8時間睡眠の人たちのそれが、最低になるという事実も報告されている。

最適な睡眠時間を知ることこそ、仕事の成果を上げる大きな要因である。

野球も生き甲斐っちゃ
生き甲斐なんですけど、
私生活においては、
結婚することも
ワンちゃんがいることも
自分の生き甲斐のひとつ。
楽しみのひとつなので、
そういう感じですかね。

（『野球翔年Ⅱ MLB編2018-2024 大谷翔平ロングインタビュー』 文藝春秋）
本文中の大谷選手の言葉（『Number Web』 2024・3・2 文藝春秋）

徹底してオフを充実させよう

２０２３年11月16日のＭＶＰ授賞式の際に、自宅からの中継で、はじめて愛犬のデコピンが公開された。

２０２４年３月15日、この日、大谷選手は同年２月に結婚を発表した妻・真美子さんとの２ショットの写真を公開した。そこにはＭＬＢワールドツアー・ソウルシリーズのため、韓国・ソウルに向かう航空機の前で並ぶ２人が写っていた。彼女について、大谷選手はこう語っている。

「（彼女と）一緒にいて楽だし、楽しいし。僕はひとりでいたときとそんなに変わらずにいられるんです。彼女がいるからといって、喋り方が変わるとか食べ方が変わるとか、そういうことなく、気を使う必要がないので、最初から僕は、何も変わらずにいられるというスタイルでした。そういうところなんじゃないかな」

人生において、「オン」と「オフ」は車の両輪のようなものだ。２０２４年シーズンにおける大活躍の大きな要因のひとつは、オフタイムの充実にあると、私は考えている。「オフ」の充実があるから、肝心の「オン」に大谷選手は潜在能力を発揮できたのだ。

もしも、あなたが仕事で頑張っているのに、十分にパフォーマンスを発揮できないのならば、多分「オフ」が充実していないのかもしれない。そのことをしっかりと点検してみよう。

大谷翔平の歩み

1994年〜2024年 略年表

1994年7月5日	岩手県水沢市（現・奥州市）に次男として誕生。
2003年〜2007年	水沢リトルリーグで野球を始める。小学5年生のときに球速110㎞を記録。
2007年〜2010年	中学1年生の夏から一関リトルシニアに所属。
2010年4月	花巻東高校に入学。1年生ながら春の県大会で4番に抜擢。
2011年8月	第93回全国高等学校野球選手権大会（夏の甲子園）に出場。初戦敗退。
2012年7月	第94回全国高等学校野球選手権岩手大会の準決勝で、アマチュア野球史上初となる球速160㎞を記録。高校最後の夏は岩手大会決勝で敗退。
2012年10月〜12月	プロ野球ドラフト会議で日本ハムに1位指名を受ける。MLB挑戦と迷う中で、日本ハムに入団。背番号は11。
2013年6月1日	プロ初勝利。
2013年7月10日	プロ初本塁打。
2014年9月7日	10号本塁打を記録し、NPB史上初となる「2桁勝利&2桁本塁打」を達成。
2015年10月〜11月	最多勝利、最優秀防御率、最高勝率に輝く。投手としてベストナインを受賞。

2016年9月~10月	日本ハムを4年ぶりのリーグ優勝、10年ぶりとなる日本シリーズ制覇に導く。
2016年11月	NPB史上初となる投手とDHでベストナインを受賞。パ・リーグMVPに輝く。
2017年11月~12月	MLBへの挑戦を表明。エンゼルスと契約が合意し、本拠地で入団会見。背番号は17。
2018年4月	MLB初勝利(1日)。MLB初本塁打(3日)。
2018年11月	MLB史上初となる「10登板、20本塁打(22本塁打)、10盗塁」を達成し、ア・リーグ新人王を受賞。
2020年3月	2020年シーズンから二刀流選手指名制度の「通称・大谷ルール」が導入。
2021年7月13日	ア・リーグの先発投手として1番・DHのリアル二刀流(MLB史上初)でオールスターゲームに出場。
2021年11月	二刀流での活躍が評価されてア・リーグMVPを受賞。
2022年10月5日	MLB史上初となる投打ダブル規定到達。
2023年3月	2023ワールド・ベースボール・クラシック(WBC)で世界制覇。MVPに輝く。
2023年10月~11月	ア・リーグの本塁打王(アジア人初)を獲得。ア・リーグMVPを受賞(2度目)。
2023年12月14日	ドジャースと契約が合意し、本拠地で入団会見。背番号は17。
2024年9月~10月	MLB史上初の「50-50」を達成。ドジャースを4年ぶりのリーグ優勝、8度目のワールドシリーズ制覇に導く。ナ・リーグの本塁打王(2度目)と打点王を獲得。
2024年11月21日	ナ・リーグMVPを受賞(3度目)。

セーブ	ホールド	奪三振	奪三振率	失点	自責点	被安打	被本塁打	与四球	与死球
0	0	46	6.71	30	29	57	4	33	8
0	0	179	10.37	50	45	125	7	57	4
0	0	196	10.98	40	40	100	7	46	3
0	1	174	11.19	33	29	89	4	45	8
0	0	29	10.30	9	9	13	2	19	0
0	1	624	10.34	162	152	384	24	200	23

セーブ	ホールド	奪三振	奪三振率	失点	自責点	被安打	被本塁打	与四球	与死球
0	0	63	10.97	19	19	38	6	22	1
0	0	0	0.00	0	0	0	0	0	0
0	0	3	16.20	7	7	3	0	8	0
0	0	156	10.77	48	46	98	15	44	10
0	0	219	11.87	45	43	124	14	44	2
0	0	167	11.39	50	46	85	18	55	11
0	0	0	0.00	0	0	0	0	0	0
0	0	608	11.36	169	161	348	53	173	24

大谷翔平の歩み

2013年~2024年 投手成績

NPB 投手成績

※1軍出場成績

年	在籍球団	登板	投球回	防御率	勝利	敗戦	勝率	完投	完封
2013	日本ハム	13	61.2	4.23	3	0	1.000	0	0
2014	日本ハム	24	155.1	2.61	11	4	.733	3	2
2015	日本ハム	22	160.2	2.24	15	5	.750	5	3
2016	日本ハム	21	140	1.86	10	4	.714	4	1
2017	日本ハム	5	25.1	3.20	3	2	.600	1	1
NPB通算		85	543	2.52	42	15	.737	13	7

MLB 投手成績

※2019年、2024年は登板なし

年	在籍球団	登板	投球回	防御率	勝利	敗戦	勝率	完投	完封
2018	エンゼルス	10	51.2	3.31	4	2	.667	0	0
2019	エンゼルス	0	0	0.00	0	0	.000	0	0
2020	エンゼルス	2	1.2	37.80	0	1	.000	0	0
2021	エンゼルス	23	130.1	3.18	9	2	.818	0	0
2022	エンゼルス	28	166	2.33	15	9	.625	0	0
2023	エンゼルス	23	132	3.14	10	5	.667	1	1
2024	ドジャース	0	0	0.00	0	0	.000	0	0
MLB通算		86	481.2	3.01	38	19	.667	1	1

打点	盗塁	得点	塁打	三振	四球	死球	出塁率	長打率	OPS
20	4	14	71	64	12	1	.284	.376	.660
31	1	32	107	48	21	0	.338	.505	.842
17	1	15	41	43	8	0	.252	.376	.628
67	7	65	190	98	54	1	.416	.588	1.004
31	0	24	109	63	24	2	.403	.540	.942
166	13	150	518	316	119	4	.358	.500	.859

打点	盗塁	得点	塁打	三振	四球	死球	出塁率	長打率	OPS
61	10	59	184	102	37	2	.361	.564	.925
62	12	51	194	110	33	2	.343	.505	.848
24	7	23	56	50	22	0	.291	.366	.657
100	26	103	318	189	96	4	.372	.592	.965
95	11	90	304	161	72	5	.356	.519	.875
95	20	102	325	143	91	3	.412	.654	1.066
130	59	134	411	162	81	6	.390	.646	1.036
567	145	562	1792	917	432	22	.371	.575	.945

大谷翔平の歩み

2013年～2024年 打者成績

NPB 打者成績

※1軍出場成績

年	在籍球団	試合	打席	打数	打率	安打	二塁打	三塁打	本塁打
2013	日本ハム	77	204	189	.238	45	15	1	3
2014	日本ハム	87	234	212	.274	58	17	1	10
2015	日本ハム	70	119	109	.202	22	4	0	5
2016	日本ハム	104	382	323	.322	104	18	1	22
2017	日本ハム	65	231	202	.332	67	16	1	8
NPB通算		403	1170	1035	.286	296	70	4	48

MLB 打者成績

年	在籍球団	試合	打席	打数	打率	安打	二塁打	三塁打	本塁打
2018	エンゼルス	104	367	326	.285	93	21	2	22
2019	エンゼルス	106	425	384	.286	110	20	5	18
2020	エンゼルス	44	175	153	.190	29	6	0	7
2021	エンゼルス	155	639	537	.257	138	26	8	46
2022	エンゼルス	157	666	586	.273	160	30	6	34
2023	エンゼルス	135	599	497	.304	151	26	8	44
2024	ドジャース	159	731	636	.310	197	38	7	54
MLB通算		860	3602	3119	.282	878	167	36	225

本塁打数	日付	対戦球団	対戦投手	種類
28	7.6	ブリュワーズ	ブライアン・ハドソン	ソロ
29	7.13	タイガース	ケイダー・モンテロ	ソロ
30	7.21	レッドソックス	カッター・クロフォード	ソロ
31	7.25	ジャイアンツ	タイラー・ロジャース	ソロ
32	7.27	アストロズ	ロネル・ブランコ	ソロ
33	8.2	アスレチックス	タイラー・ファーガソン	3ラン
34	8.5	フィリーズ	タナー・バンクス	ソロ
35	8.9	パイレーツ	ミッチ・ケラー	2ラン
36	8.12	ブリュワーズ	フレディ・ペラルタ	2ラン
37	8.13	ブリュワーズ	コリン・レイ	ソロ
38	8.17	カージナルス	アンドレ・パランテ	ソロ
39	8.18	カージナルス	ソニー・グレイ	ソロ
40	8.23	レイズ	コリン・ポシェ	サヨナラ満塁
41	8.24	レイズ	タージ・ブラッドリー	2ラン
42	8.28	オリオールズ	コービン・バーンズ	ソロ
43	8.30	ダイヤモンドバックス	ポール・シーウォルド	ソロ
44	8.31	ダイヤモンドバックス	メリル・ケリー	ソロ
45	9.6	ガーディアンズ	マシュー・ボイド	ソロ
46	9.8	ガーディアンズ	タナー・バイビー	ソロ
47	9.11	カブス	ジョーダン・ウィックス	ソロ
48	9.17	マーリンズ	ダレン・マコーン	2ラン
49	9.19	マーリンズ	ジョージ・ソリアーノ	2ラン
50	9.19	マーリンズ	マイク・バウマン	2ラン
51	9.19	マーリンズ	ビダル・ブルハーン	3ラン
52	9.20	ロッキーズ	カイル・フリーランド	2ラン
53	9.22	ロッキーズ	セス・ハルボーセン	ソロ
54	9.27	ロッキーズ	アンソニー・モリーナ	3ラン
DS	10.5	パドレス	ディラン・シーズ	3ラン
LCS	10.16	メッツ	タイラー・メギル	3ラン
LCS	10.17	メッツ	ホセ・キンタナ	ソロ

※DS=ディビジョンシリーズ／LCS=リーグチャンピオンシップシリーズ

大谷翔平の歩み

2024年シーズン全本塁打

本塁打数	日付	対戦球団	対戦投手	種類
1	4.3	ジャイアンツ	テイラー・ロジャース	ソロ
2	4.5	カブス	カイル・ヘンドリックス	2ラン
3	4.8	ツインズ	ジェイ・ジャクソン	ソロ
4	4.12	パドレス	マイケル・キング	ソロ
5	4.21	メッツ	エイドリアン・ハウザー	2ラン
6	4.23	ナショナルズ	マット・バーンズ	ソロ
7	4.26	ブルージェイズ	クリス・バシット	ソロ
8	5.4	ブレーブス	ブライス・エルダー	ソロ
9	5.5	ブレーブス	マックス・フリード	2ラン
10	5.5	ブレーブス	A・J・ミンター	ソロ
11	5.6	マーリンズ	ロデリー・ムニョス	2ラン
12	5.14	ジャイアンツ	キートン・ウィン	ソロ
13	5.17	レッズ	フランキー・モンタス	2ラン
14	5.29	メッツ	ホルヘ・ロペス	2ラン
15	6.5	パイレーツ	ポール・スキーンズ	2ラン
16	6.11	レンジャーズ	グラント・アンダーソン	2ラン
17	6.12	レンジャーズ	ジョン・グレイ	ソロ
18	6.16	ロイヤルズ	ブレイディ・シンガー	ソロ
19	6.16	ロイヤルズ	ブレイディ・シンガー	ソロ
20	6.18	ロッキーズ	オースティン・ゴンバー	ソロ
21	6.20	ロッキーズ	タイ・ブラッチ	ソロ
22	6.21	エンゼルス	マット・ムーア	2ラン
23	6.22	エンゼルス	ザック・プリーサック	2ラン
24	6.25	ホワイトソックス	クリス・フレクセン	ソロ
25	6.26	ホワイトソックス	エリック・フェッド	ソロ
26	6.29	ジャイアンツ	スペンサー・ハワード	ソロ
27	7.2	ダイヤモンドバックス	ジャスティン・マルティネス	2ラン

盗塁数	日付	対戦球団	対戦バッテリー（投手&捕手）	種類
29	8.3	アスレチックス	ミッチ・スペンス&シェイ・ランゲリアーズ	二盗
30	8.3	アスレチックス	カイル・マラー&シェイ・ランゲリアーズ	二盗
31	8.3	アスレチックス	カイル・マラー&シェイ・ランゲリアーズ	三盗
32	8.5	フィリーズ	アーロン・ノラ&ギャレット・スタッブス	三盗
33	8.12	ブリュワーズ	ブライアン・ハドソン&ウィリアム・コントレラス	二盗
34	8.14	ブリュワーズ	フランキー・モンタス&ウィリアム・コントレラス	二盗
35	8.14	ブリュワーズ	フランキー・モンタス&ウィリアム・コントレラス	三盗
36	8.17	カージナルス	アンドレ・パランテ&ウィルソン・コントレラス	二盗
37	8.17	カージナルス	アンドレ・パランテ&ウィルソン・コントレラス	二盗
38	8.20	マリナーズ	オースティン・ボス&カル・ローリー	二盗
39	8.21	マリナーズ	ローガン・ギルバート&カル・ローリー	二盗
40	8.23	レイズ	タイラー・アレクサンダー&ロブ・ブラントリー	二盗
41	8.28	オリオールズ	コービン・バーンズ&ジェームズ・マッキャン	三盗
42	8.28	オリオールズ	コービン・バーンズ&ジェームズ・マッキャン	二盗
43	8.30	ダイヤモンドバックス	ザック・ガレン&ホセ・ヘレラ	二盗
44	9.2	ダイヤモンドバックス	エデュアルド・ロドリゲス&エイドリアン・デル・カスティーヨ	二盗
45	9.2	ダイヤモンドバックス	ジョーダン・モンゴメリー&エイドリアン・デル・カスティーヨ	二盗
46	9.2	ダイヤモンドバックス	ジョーダン・モンゴメリー&エイドリアン・デル・カスティーヨ	三盗
47	9.9	カブス	カイル・ヘンドリックス&ミゲル・アマヤ	二盗
48	9.11	カブス	ジョーダン・ウィックス&クリスティアン・ベタンコート	二盗
49	9.18	マーリンズ	ライアン・ウェザース&ニック・フォーテス	二盗
50	9.19	マーリンズ	エドワード・カブレラ&ニック・フォーテス	三盗
51	9.19	マーリンズ	エドワード・カブレラ&ニック・フォーテス	二盗
52	9.20	ロッキーズ	ジェイデン・ヒル&ハンター・グッドマン	二盗
53	9.21	ロッキーズ	セス・ハルボーセン&ジェイコブ・ストーリングス	二盗
54	9.22	ロッキーズ	アントニオ・センザテラ&ハンター・グッドマン	二盗
55	9.22	ロッキーズ	ジェイデン・ヒル&ハンター・グッドマン	二盗
56	9.25	パドレス	アドリアン・モレホン&エリアス・ディアス	二盗
57	9.27	ロッキーズ	キャル・クワントリル&ジェイコブ・ストーリングス	二盗
58	9.28	ロッキーズ	ジェフ・クリスウェル&ハンター・グッドマン	二盗
59	9.29	ロッキーズ	セス・ハルボーセン&ドリュー・ロモ	二盗

大谷翔平の歩み

2024年シーズン全盗塁

盗塁数	日付	対戦球団	対戦バッテリー（投手&捕手）	種類
1	3.20	パドレス	ダルビッシュ有&ルイス・カンプサノ	二盗
2	4.13	パドレス	マット・ウォルドロン&カイル・ヒガシオカ	二盗
3	4.15	ナショナルズ	マット・バーンズ&ライリー・アダムズ	二盗
4	4.17	ナショナルズ	ハンター・ハービー&ライリー・アダムズ	二盗
5	4.19	メッツ	ショーン・マナイア&オマー・ナルバエス	二盗
6	5.3	ブレーブス	チャーリー・モートン&トラビス・ダーノー	二盗
7	5.3	ブレーブス	A・J・ミンター&トラビス・ダーノー	二盗
8	5.6	マーリンズ	ロデリー・ムニョス&ニック・フォーテス	二盗
9	5.6	マーリンズ	イーライ・ビラロボス&ニック・フォーテス	二盗
10	5.13	ジャイアンツ	ジョーダン・ヒックス&ブレイク・セイボル	二盗
11	5.16	レッズ	エミリオ・パガン&タイラー・スティーブンソン	二盗
12	5.21	ダイヤモンドバックス	ブランドン・ファート&ガブリエル・モレノ	三盗
13	5.21	ダイヤモンドバックス	ブランドン・ファート&ガブリエル・モレノ	二盗
14	6.1	ロッキーズ	キャル・クワントリル&エリアス・ディアス	二盗
15	6.11	レンジャーズ	デーン・ダニング&ジョナ・ハイム	二盗
16	6.17	ロッキーズ	ジェフ・ハートリーブ&ジェイコブ・ストーリングス	二盗
17	7.4	ダイヤモンドバックス	ザック・ガレン&ガブリエル・モレノ	三盗
18	7.6	ブリュワーズ	フレディ・ペラルタ&ウィリアム・コントレラス	二盗
19	7.7	ブリュワーズ	ダラス・カイケル&エリク・ハース	二盗
20	7.7	ブリュワーズ	ダラス・カイケル&エリク・ハース	三盗
21	7.9	フィリーズ	ザック・ウィーラー&ラファエル・マルシャン	二盗
22	7.10	フィリーズ	クリストファー・サンチェス&ギャレット・スタッブス	二盗
23	7.13	タイガース	アンドルー・チェフィン&カーソン・ケリー	二盗
24	7.23	ジャイアンツ	ランディ・ロドリゲス&パトリック・ベイリー	二盗
25	7.26	アストロズ	ライアン・プレスリー&ヤイネル・ディアス	二盗
26	7.27	アストロズ	テイラー・スコット&ヤイネル・ディアス	二盗
27	7.28	アストロズ	ラファエル・モンテロ&ビクトル・カラティーニ	二盗
28	7.30	パドレス	マット・ウォルドロン&カイル・ヒガシオカ	二盗

『SHO-TIME 2.0　大谷翔平　世界一への挑戦』ジェフ・フレッチャー 著(徳間書店)
『不可能を可能にする 大谷翔平 120 の思考』 大谷翔平 著（ぴあ）
『大谷翔平 二刀流の軌跡』 ジェイ・パリス 著（辰巳出版）
『大谷翔平を追いかけて　番記者 10 年魂のノート』 柳原直之 著（ワニブックス）
『やり抜く力 人生のあらゆる成功を決める「究極の能力」を身につける』 アンジェラ・ダックワース 著（ダイヤモンド社）
『仕事と幸福、そして、人生について』 ジョシュア・ハルバースタム 著（ディスカヴァー・トゥエンティワン）
『世界の研究 101 から導いた 科学的に運気を上げる方法』 堀田秀吾 著（飛鳥新社）
『科学的に元気になる方法を集めました』 堀田秀吾 著（文響社）
『努力が報われる人の心理学　結局、努力をつづけた人の勝ち』 内藤誼人 著（PHP 研究所）
『「不安」があなたを強くする』 内藤誼人 著（廣済堂出版）
『世界最先端の研究から生まれたすごいメンタル・ハック』 内藤誼人 著（清談社）
『だからあの人のメンタルは強い。』中谷彰宏 著（世界文化社）
『本番力を高める 57 の方法』 中谷彰宏 著（ダイヤモンド社）
『成功者がしている 100 の習慣』 ナイジェル・カンバーランド 著（ダイヤモンド社）
『まずは、自信をつけてしまえ！』 ブライアン・トレーシー 著（学研プラス）
『働くみんなのモティベーション論』 金井嘉宏 著（NTT 出版）
『あなたの潜在能力を引き出す 20 の原則と 54 の名言』ジャック・キャンフィールド 著（ディスカヴァー・トゥエンティワン）
『自分を変える 89 の方法』スティーヴ・チャンドラー 著（ディスカヴァー・トゥエンティワン）
『習慣超大全』 BJ・フォッグ 著（ダイヤモンド社）
『図解モチベーション大百科』 池田貴将 著（サンクチュアリ出版）
『あなたにそっと教える夢をかなえる公式』 イ・ジソン 著（サンマーク出版）
雑誌『Number』（文藝春秋）
『Number web』（文藝春秋）
※注 なお、大谷選手の言葉の出典は本文中に記載しています。

●著者プロフィール

児玉 光雄（こだま みつお）

1947年兵庫県生まれ。追手門学院大学スポーツ研究センター特別顧問。元鹿屋体育大学教授。京都大学工学部卒。学生時代はテニスプレーヤーとして活躍し、全日本選手権にも出場。卒業後10年間、住友電気工業研究開発本部に勤務。社内留学制度により、カリフォルニア大学ロサンゼルス校（UCLA）大学院に学び、工学修士号を取得。その後独立し、米国五輪委員会スポーツ科学部門本部に客員研究員として米国五輪選手のデータ分析に従事。過去35年にわたり臨床スポーツ心理学者として、ゴルフ、テニスを中心に数多くのプロスポーツ選手のメンタルカウンセラーを務める。過去1000回以上のビジネスセミナーの講師を務める。著書は10万部以上のベストセラーになった『この一言が人生を変えるイチロー思考』（三笠書房／知的生きかた文庫）をはじめ、『大谷翔平 勇気をくれるメッセージ80』（三笠書房）、『ゴルフは「心の練習」で上手くなる』（河出書房新社）など250冊以上。専門分野は体育方法学、パフォーマンス心理学。日本スポーツ心理学会会員。

□ホームページ
http://www.m-kodama.com
□ Facebook
http://www.facebook.com/mitsuo.kodama.9

参考文献

『「できない」を「できる」に変える　大谷翔平の思考法』児玉光雄 著（アスコム）
『大谷翔平 86 のメッセージ』児玉光雄 著（三笠書房）
『大谷翔平　勇気をくれるメッセージ 80』児玉光雄 著（三笠書房）
『大谷翔平から学ぶ成功メソッド』児玉光雄 著（河出書房新社）
『道ひらく、海わたる　大谷翔平の素顔』佐々木亨 著（扶桑社）
『大谷翔平　野球翔年Ⅰ　日本編 2013-2018』石田雄太 著（文藝春秋）
『野球翔年Ⅱ　MLB 編 2018-2024　大谷翔平ロングインタビュー』石田雄太 著（文藝春秋）
『大谷翔平語録』斎藤庸裕 著（宝島社）
『SHO-TIME　大谷翔平　メジャー120年の歴史を変えた男』ジェフ・フレッチャー 著（徳間書店）

1日1分 大谷翔平
今日よりも成長できる82の言葉

2025年1月2日　第1刷発行

著　者　　児玉光雄

発行者　　岩尾悟志
発行所　　株式会社かや書房
〒162-0805
東京都新宿区矢来町113　神楽坂升本ビル３Ｆ
電話　03-5225-3732（営業部）

装丁・本文デザイン　　柿木貴光
編　集　　飯嶋章浩
印刷・製本　　中央精版印刷株式会社

Printed in Japan
ISBN978-4-910364-63-6